本书的出版得到了教育部人文社科基金项目"基于区域视角的学习初始年龄与最终外语水平相关性研究"（14YJA740034）的资助

| 光明社科文库 |

二语与外语能力发展研究
——基于年龄视域

王勃然◎著

光明日报出版社

图书在版编目（CIP）数据

二语与外语能力发展研究：基于年龄视域 / 王勃然著. --北京：光明日报出版社，2019.9
ISBN 978-7-5194-2556-2

Ⅰ.①二… Ⅱ.①王… Ⅲ.①外语教学—教学研究 Ⅳ.①H09

中国版本图书馆 CIP 数据核字（2019）第 208878 号

二语与外语能力发展研究：基于年龄视域
ERYU YU WAIYU NENGLI FAZHAN YANJIU: JIYU NIANLING SHIYU

著　　者：王勃然	
特约编辑：田　军	责任编辑：陆希宇
责任校对：赵鸣鸣	封面设计：中联学林
责任印制：曹　诤	

出版发行：光明日报出版社
地　　址：北京市西城区永安路 106 号，100050
电　　话：010-67017249（咨询）　63131930（邮购）
传　　真：010-67078227，67078255
网　　址：http://book.gmw.cn
E - mail：luxuyu@gmw.cn
法律顾问：北京德恒律师事务所龚柳方律师

印　　刷：三河市华东印刷有限公司
装　　订：三河市华东印刷有限公司
本书如有破损、缺页、装订错误，请与本社联系调换，电话：010-67019571

开　　本：170mm×240mm
字　　数：173 千字　　　　　印　　张：15.5
版　　次：2020 年 1 月第 1 版　　印　　次：2020 年 1 月第 1 次印刷
书　　号：ISBN 978-7-5194-2556-2
定　　价：85.00 元

版权所有　　翻印必究

前　言

拉尔森－弗里曼和朗（Larsen－Freeman & Long, 1991）曾经说过："年龄问题对于二语习得研究理论的建立、教育政策的制定和语言的教学法都是一个重大问题。如果能够证明年龄大的学习者与年龄小的学习者有所不同，那么成人继续获得普遍语法的说法将受到质疑。如果能够证明年龄小的学习者比年龄大的学习者学得好，那么早期外语教育就要大力提倡。"斯特恩（Stern, 1983）也提出："在学习因素中，与外语学习相关的年龄问题一直是语言教学理论中备受争议的一个问题。不管答案是什么，其对于学校体系中语言教学的组织都有深远的意义。"

发端于生物学的"关键期"概念运用于语言学领域，是指在人生发展的某个特定阶段，个体可以在没有外部干预，不需要教授的条件下轻松、快速地学习一门语言（杨连瑞，2007），而一旦过了关键的时间节点，学习一语、二语（外语）则会变得困难重重，甚至是一个无法达成的目标。作为二语习得认知学派关注的十大论题之一，伯德桑（Birdsong, 2001）曾断言关键期假说在二语习得研究中具有不可动摇的中心地位。可以说，基于关键期假说的讨论对于二语教育政策的制定、二语课程的设置以及二语教学研究都具有十分重要的指导和现实意义。

在我国，外语教育呈现出一种早龄化的趋势。可能是受一语、二语习得关键期假说的影响，外语学习"越早越好"的观点大有市场。在此背景之下，本书作者基于年龄视域，从语言的各个层面（语音、词汇、语法、语义等）系统探究了二语（外语）的发展状况与特征，同时结合最新的认知神经科学的成果，对二语（外语）能力的发展进行了全面综述和评价。诚然，儿童在母语习得方面具有不可比拟的优势（如语音），但是这种简单的线性关联往往拘泥于关键期的生物机制，导致了人们对于学习初始年龄的过分关注，片面地认为二语（外语）能力的高低主要就是年龄因素使然，却忽视了语言发展过程中认知、情感、心理、环境等诸多因素的作用。

针对我国不同年龄段的外语学习者，本书作者探究了他们的英语能力发展现状、存在问题和提升路径。在中、高等职业学校和大学英语层面，通过对比分析了中、高等职业学校和大学学生的英语能力现状，从教学理念、教学内容、教学模式方法和教学测评等方面对未来的英语教学给出了相应的提升策略。在大学英语层面，解析了学习者当前的阅读模式、阅读能力及二者之间的相关度；梳理了过去60多年语言能力标准的发展阶段，指出了《大学英语课程教学要求》中在理论支撑、描述语使用和研制方法等方面存在的一些缺陷，并提出了新形势下基于语料库、以实证数据驱动的中国大学英语能力量表的研制路线。在硕士毕业生层面，分析了东北某高校上百名毕业生的外语能力现状、对外语教学的满意度以及对毕业母校外语教学的期望。

　　除了文献综述和学理论证之外，为了使研究结果和结论更具说服力，本书还专题论述了作者本人基于学校、省市、全国和区域视角的实证研究。通过质性和量化研究的有机结合，实现了研究数据的三方论证，有助于建构适合我国国情、具有本土化特色的外语能力发展模型，解决中国学习者特有的困难和问题。此外，鉴于以往年龄视域的二语习得和外语学习研究的局限性，作者论证了动态系统理论与二语习得的匹配性，在充分吸纳二语习得、认知语言学、心理语言学、社会语言学、教育语言学等领域最新成果的基础上，全面而系统地集成影响儿童外语能力发展的因素，构建了一个融学习者子系统、语言子系统和环境子系统于一体的儿童外语发展模型。同时，作者把动态系统理论作为新的理论依据，在归类的基础上，依据教学维度反思了我国外语教育存在的一些问题，并对我国的外语教育进行了展望。在未来，我们应把时间作为核心变量，把二语习得的研究视角从语言回归到以发展为特征的学习者行为上，以克服传统二语习得研究的简单、线性、割裂和静态的思维方式所带来的各种弊端，直面真实环境中语言学习的复杂性与变异性，从而更真实地呈现二语发展的全貌，洞悉二语发展的实质，为揭示外语教学实践的本质、有效提升外语课堂效率开辟新路径。

　　本书一共分为十六章。第一至第五章主要论述了语言能力和关键期假说、基于年龄因素的语音、词汇、语法、语义相关研究。第六、七章主要介绍了两个基于辽宁省、全国范围和八大区域的学习初始年龄与学习者外语能力（听、说、读、写、译等语言技能和整体语言水平）的实证研究。第八章基于事件相关电位技术（ERP）

和功能磁共振成像技术（fMRI）的国内外相关研究，从正、反理据综述了语言能力发展不同层面的年龄效应。第九章基于国内外以往有关年龄因素的语言能力研究成果，解析了影响外语学习的诸多因素，并尝试提出了我国开展英语教学的合理初始年龄。第十至第十四章聚焦于成人学习者的英语整体能力现状、阅读能力、写作能力和语言能力标准的构建。其中，第十章探究了代表不同年龄阶段的中高职和大学学生的英语能力现状；第十一章分析了成年英语学习者的阅读模式与阅读过程，明晰了阅读模式选择与阅读能力之间的关系；第十二章综述了国内有关汉语空主语特征对英语写作的迁移效应研究，实证考察了中国大学生在英语写作中母语的空主语效应；第十三章基于《大学英语课程教学要求》发现了我国在大学英语语言能力发展方面存在的不足，阐述了构建中国大学英语语言能力标准的重要意义；第十四章探究了硕士毕业生英语使用的社会需求、硕士毕业生英语能力现状、学习者需求与社会需求之间的差距、以及毕业生对母校硕士英语教学的期望。最后两章基于动态系统理论语言发展的认知观和社会观，构建了儿童外语能力发展模型，对我国外语教育存在的问题进行了反思，并提出了未来展望。

　　参考本书的研究结果，外语教育政策制定者可综合考量各类影响因素，制定出学习者、家长、学校、社会、政府等认可的语言教育政策，从而更有效地促进中国学习者的外语能力发展。

目 录
CONTENTS

第一章　语言能力与关键期假说 ················· 1
　　一、语言能力观和语言能力模型　1
　　二、关键期假说简介　4
　　三、一语习得框架下关键期假说的正反理据　6
　　四、二语习得框架下关键期假说的正反理据　9
　　五、小结　13

第二章　二语语音习得的关键期 ················· 14
　　一、二语语音关键期的来源　14
　　二、二语语音关键期的正反理据　15
　　三、二语语音关键期的多维解析　17
　　四、二语语音关键期的修正　21
　　五、小结　24

第三章　基于年龄效应的二语（外语）词汇习得 ········· 26
　　一、词汇习得年龄的界定　26

二、基于年龄效应的二语词汇习得研究　27
　　三、基于年龄效应的外语词汇习得研究　30
　　四、基于年龄效应的词汇习得研究转向　32
　　五、小结　34

第四章　基于年龄效应的二语（外语）语法习得 ············ **35**
　　一、关键期假说与年龄效应　35
　　二、基于年龄效应的二语语法习得研究　36
　　三、基于年龄效应的外语语法习得研究　41
　　四、基于年龄效应的二语/外语语法习得研究解读　42
　　五、小结　45

第五章　基于年龄因素的二语（外语）语义加工 ············ **46**
　　一、研究背景　46
　　二、以往研究的正反理据　47
　　三、其他影响因素的介入与解读　48
　　四、小结　49

第六章　学习初始年龄与英语语言能力的相关性：以辽宁省为例 ············ **51**
　　一、英语语言能力的界定　51
　　二、国内外相关研究综述　52
　　三、研究设计　56
　　四、研究结果与讨论　57

五、小结　65

第七章　学习初始年龄与学习者外语能力研究：基于全国和区域视角 …………………………………………… **66**
　　一、研究背景　66
　　二、年龄与二语（外语）语言能力相关性的国内外研究　67
　　三、基于初始年龄与外语能力相关性的问卷设计和实施　70
　　四、从语言输入视角解析学习初始年龄与外语能力的相关性　71
　　五、小结　79

第八章　基于当代认知神经科学的年龄与语言能力研究 ………… **81**
　　一、ERP 和 fMRI 技术用于二语习得研究的机制原理　82
　　二、二语关键期假说的 ERP 正反理据　83
　　三、二语关键期假说的 fMRI 正负理据　92
　　四、解释视角的转向　95
　　五、小结　98

第九章　关键期假说对于我国英语教学初始年龄的影响 ………… **99**
　　一、影响外语学习的多因素解析　99
　　二、我国开展英语教学的合理初始年龄　103
　　三、小结　105

第十章 基于需求分析的大学和中高职学生英语能力对比研究 …… **106**

一、需求分析与外语教学 106

二、国内大学和中高职学生的英语能力现状 107

三、大学、中高职学生的英语能力与社会需求的差距 109

四、大学英语教学和中高职英语教学在需求分析研究上的差异 111

五、国内英语课程教学的提升策略 112

六、小结 114

第十一章 大学英语学习者的阅读模式与阅读能力的相关度 … **115**

一、阅读能力的重要性 115

二、基于心理语言学的阅读模式 116

三、研究设计 119

四、研究结果分析与讨论 121

五、小结 129

第十二章 大学生英语写作中的空主语负迁移 …………… **131**

一、空主语的界定和研究意义 131

二、英汉空主语差异现象的理论解析 132

三、汉语空主语特征对英语写作的迁移效应 134

四、中国大学生英语写作空主语迁移实证分析 135

五、小结 138

第十三章 基于课程教学要求的大学英语语言能力标准构建 … **140**

一、构建中国大学英语语言能力标准的意义 140

二、语言能力标准的发展阶段 142

三、《大学英语课程教学要求》在语言能力标准上存在的缺陷 143

四、基于实证语料能力标准的中国大学英语能力量表的研制 152

五、小结 155

第十四章 基于需求分析的非语言专业硕士毕业生外语能力发展 …………………………………………… **157**

一、需求分析的界定和意义 157

二、国内基于需求分析的非英语专业硕士毕业生外语能力研究结果 158

三、调查问卷的设计与实施 160

四、问卷结果分析与讨论 161

五、小结 165

第十五章 基于动态系统理论的儿童外语能力发展模型建构 … **166**

一、儿童二语能力发展机制研究的现状 166

二、现有二语习得模式的局限性 167

三、动态系统理论和二语习得的匹配性 169

四、动态系统理论视域下的儿童外语发展模型 170

五、小结 174

第十六章 动态系统理论视域下的中国外语教育：反思与
展望 …………………………………………………… 176

一、动态系统理论对二语习得的介入　176

二、动态系统理论视域下中国外语教育的问题　177

三、动态系统理论下的中国外语教育展望　183

四、小结　186

参考文献 ……………………………………………………… 188

后　记 ………………………………………………………… 228

表　次

表 6.1　基于年龄段的学习者英语高考和四级总分分布………… 59
表 6.2　基于年龄段的学习者四级分项成绩均分分布………… 60
表 7.1　不同年龄组学习者的四级总分均值………………… 72
表 7.2　初始年龄、语言输入与英语语言能力的相关性………… 73
表 7.3　受试对英语老师总体能力、语音能力的评价和外语语音
　　　　能力自我评价（基于年龄组别）………………… 76
表 7.4　受试对英语老师总体能力、语音能力的评价和外语语音
　　　　能力自我评价（全国和区域视角）………………… 77
表 7.5　英语老师语音能力与受试语音能力的相关系数
　　　　（全国和区域视角）………………………… 78
表 11.1　自下而上阅读模式与分级阅读成绩的相关度………… 126
表 11.2　自上而下阅读模式与分级阅读成绩的相关度………… 126
表 11.3　交互阅读模式与分级阅读成绩的相关度…………… 127
表 12.1　全体学习者的空主语描述性统计………………… 136
表 12.2　基于语言能力水平的空主语描述性统计…………… 136

表12.3　基于全体学习者的相关性分析 …………………… 137
表12.4　基于语言能力水平的相关性分析 …………………… 138
表13.1　三个层次英语要求中使用的模糊语统计 ……………… 147
表13.2　自评/互评表中的模糊语统计 ………………………… 149
表13.3　自评/互评表的评估项目数 …………………………… 152
表14.1　受试对各项英语技能的自我评价 ……………………… 163

图　次

图 11.1　学习者阅读模式的总体分布……………………… 123
图 11.2　基于英语级别的学习者阅读模式分布…………… 125
图 15.1　动态系统理论视域下的儿童外语能力发展模型……… 172

第一章 语言能力与关键期假说

在本章中，作者首先对过去 70 多年里最具代表性的几个语言能力观或语言能力模型进行了阐述，并对它们的优缺点进行了分析。然后，作者剖析了源于生物学，后引申至语言学领域的关键期假说。在一语和二语习得框架下，众多学者提出了各自的正、反理据。一语习得关键期假说，得到的肯定似乎超过了否定的声音，但苦于研究对象的匮乏，无法获取有说服力的充分理据；而二语习得中的年龄研究往往拘泥于关键期生物机制的束缚，忽视了认知、情感、心理、环境等因素的作用。

一、语言能力观和语言能力模型

作为一个既古老又新鲜的概念，语言能力在不同的时期有着不同的定义和诠释，对它的认识也从最初的肤浅模糊不断走向深刻、完善和全面。

20 世纪四五十年代，结构主义盛行一时，认为语言就是结构和技能的掌握，语言能力等同于运用语言技能和语言成分的能力。1965年，乔姆斯基（Chomsky）提出了语言能力的"天赋观"，认为语言能力是语言系统的生成可能性，是一个理想的说话人（听话人）关于语言语法的内化知识，即他（她）能够识别、理解、推导并生成句子的能力。1973年，韩礼德（Halliday）推出了"语言潜势"和"实际语言行为"的概念，认为语言潜势是"做事"的方式，是利用语言进行交际所能做事情的范围；实际语言行为则是说话人根据交际需要对语言系统所做的即时选择。在六七十年代，海姆斯（Hymes，1967）提出了交际能力说，指出社会人不仅能够使用语言规则生成合乎语法的句子，而且能够依据会话场景、谈话人之间关系和交际目的等因素，得体地使用这些句子来完成交际的过程。具体说来，交际能力包含四个参数——语法知识的形式可能性、心理语言知识的可操作性、社会文化知识的语境合适性和实际存在知识的语言运用。一言以概之，交际能力指的是一个本族语人不但知道如何运用语法规则构成合乎语法的句子，而且知道在什么场合、什么地点、对谁讲话时使用这些规则的能力（张绍杰，1989）。1980年，卡纳勒（Canale）和斯韦恩（Swain）提出了由语法能力、社会语言能力（1983年由卡纳勒细分为社会语言能力和话语能力）和策略能力三部分构成的交际能力模型。在他们看来，交际语言能力指的是语法能力（语法规则知识）和社会语言能力（语言运用规则知识）之间的关联与互动。语法规则和语言运用规则相互依托，缺一不可。20世纪90年代，由巴克曼（Bachman，1990）提出、并由他和帕尔默（Palmer，1996）完善的交际语言能力模型（Communicative Language Ability，简称CLA模式）涵盖了语言能力、策略能力和心理生理机制等三大组成部分。其中，语言能力包括语言组织能力（语法能力和语篇能力）和语用能力（语义能力、功能能力和社会语言能力）。策略能力是在具体情景下运用语言知识进行交际的心理能力，提供把各种语言能力、语言知识与语言使用者的知识结构和交际场景特征相联结的方式，起着一种执行最后决定的功能（布朗 Brown，2000）。视语言交际为一种物理现象的心理生理机制是语言交际时的一种神经和心理过程，揭示了能力实施的渠道与方式。在巴克曼和帕尔默（1996）看来，交际语言能力包括语言知识、语言能力以及在语言使用中实施语言能力的能力，是通过结合语言知识和语言使用的场景特征来创造并解释意义的能力。语言使用是一个动态过程，语言能力的各成分之间互相作用、相互影响。

  上述的几个语言能力观或语言能力模型，各有利弊，各有千秋。就缺陷而言，乔姆斯基的语言能力是一个有限、狭义而静态的概念（泰勒 Taylor，1988），或许适用于探究个别语法与普遍语法的统一性和解释人类共有的语言知识，但无法应付语言系统的发展变化。海姆斯的交际能力偏重单向的自我导向性，却忽视了交际是双方主观意识的心灵沟通，只考虑到讲话者的角度，却忽略了交际双方的主观意识，不是把言语看作双方主观意识的意义协商，而是把它视作双向平行的两组行为（莱利 Riley，1996）。在威德森（Widdowson，1983）看来，乔姆斯基和海姆斯的语言能力观过于绝对化、静态化和理想化，真正的交际能力应该是在真实交际环境中发挥作用的能力。此外，海姆斯提出的交际能力的四个方面是孤立存在的，相互之间并无互动，这一点本身就不符合交际的要求（威德森，2003）。卡纳勒和斯韦恩除了没有把语言运用能力纳入交际语言能力之中，还忽略了交际能力模型三个组成部分之间的关联。近年来，国内外学者也提出了一些新的语言能力观和模型（如赛尔塞－穆尔西亚 Celce – Murcia，1995；夏佩尔 Chapelle，2006；李筱菊，1997；戴曼纯，2002），然而巴克曼和帕尔默的语言能力观和交际语言能力模型依然被公认为最为全面、最为成熟，也最为合理，被称为"语言测试史上的里程碑"（斯坎翰 Skehan，1992）。

二、关键期假说简介

作为一个跨学科的概念，关键期并非语言学家首创，而是源于生物学，指有机个体在生命周期中对某类外部刺激最为敏感的一个时间段，在此期间，能力的发展达到顶峰。如果这种刺激早于或迟于该时期，产生的效果就会大打折扣，甚至可能归零。洛伦兹（Lorenz，1937）观察到小鸭或小鹅在孵化出生8~9个小时之内将第一眼看到的移动对象认作自己的母亲，并对其产生依恋。他把这种无须强化、在一定时期自然形成的反应称为"印刻"（imprinting）现象，而这种印刻只在出生后一天内发生，超过30小时之后即自行消失。古尔德（Gould，1987）对白冠雀的研究也表明：成年雄雀的叫声中包含某些能自动触发雄雏雀脑内收录装置的特定音符，而雄雏雀只有在出生后的40~50天内听到成年雄雀的叫声，日后才会鸣叫。

作为创立语言习得"关键期假说"（Critical Period Hypothesis，简称CPH）的先驱，彭菲尔德和罗伯茨（Penfield & Roberts，

1959）基于对失语症患者的临床观察，从神经语言学的角度提出了大脑的"可塑性假说"（Brain Plasticity Hypothesis）。在他们看来，人类的语言能力与大脑发育密切相关，习得的最佳年龄应该在十岁以内。在此期间，大脑拥有一种非凡的可塑性，可充分发挥独特的生理优势——左右大脑均参与语言理解和产出，故而语言信息加工既高效又简便。人们可以在自然环境里，无须外界干预、无需教授，轻松快捷地掌握一门语言。而随着青春期的到来，大脑左右半球被赋予不同的功能，出现了所谓的侧化现象，可塑性逐渐消失，不再具有那种自然处理语言输入的超能力。1967年，哈佛大学心理学教授列尼伯格（Lenneberg）通过对儿童语言障碍的研究，接受并发展了这一观点，提出了著名的语言关键期假说。他把儿童习得语言的优势归因于生理因素，认为语言是大脑的产物，必定受到生理因素的约束，即人有习得言语的生理周期。从两岁至青春期（10~12岁）到来之前，儿童左右脑半球都参与语言学习，对语言输入格外敏感，能够最轻松、最快捷地调动内部的生理机制，实现语言习得的自然发展。青春期到来之后，大脑发育已趋成熟，并发生了侧化，失去了处理语言输入的独特能力，取而代之的是通用的认知模块和信息处理系统，语言学习的效率因而急速下降。由此，他认定语言的发展是一个受大脑和发音器官等生物基础制约的自然成熟的过程。两岁到青春期（12~13岁）是语言习得的关键期。

三、一语习得框架下关键期假说的正反理据

（一）一语习得框架下关键期假说的正理据

关键期假说创立之初，作为研究对象的语言是一语（即母语），而非二语或外语。支持此理论的学者主要以实证研究为理据，从以下三个方面进行了论证：（1）大脑神经的可塑性随着年龄增长而逐渐消退；（2）语言习得所依赖的内在机制和普遍语法随着生理成熟将不再适用；（3）如果关键期内语言能力没有得到发展，这种能力就会丧失。

彭菲尔德和罗伯茨（1959）认为婴儿出生时大脑皮层的某些区域具有固定的功能（如运动神经皮层专门控制运动肌），但有一块出生时功能未定的皮层最终将用于语言和感觉。儿童在开始说话和感知之前，这一功能未定的皮层是一块"空白"的石板，上面没有任何内容；随着年龄的增长，白板上印刻了许多东西，而且无法拭去。在4~8岁期间，儿童运用这片空白区域可以轻易地同时习得几种语言，而到了10岁或12岁之后，语言中心的总体功能得以确定和固定，从此不能迁移到大脑皮层已被知觉占领的另外一侧。列尼伯格（1967）发现婴儿从出生到两岁之间，神经元迅速生长；从两岁到青春期，神经元生长变缓；青春期之后就基本停止了。更重要的是，两岁之前和两岁到青春期这两个阶段与大脑侧化的两个阶段恰好吻合。青春期前左大脑受损的儿童，术后其语言不发生紊乱，原因在于任一脑半球受伤导致的语言障碍都可以由未受损的另

一半球"代行其职",语言习得的损失相对较小,能很快恢复总体的语言控制功能。而成年人如果左脑受损,即便做过手术之后还会表现出持久的语言障碍,并发展成不可逆的语言功能丧失,这是因为青春期之后,神经系统不再具有以往的弹性,失去顺应性及重组能力,语言的自然习得机制开始失效,处理语言的能力开始弱化,语言学习也就越来越困难。

有的语言学家认为语言系统与生俱来,所有的儿童都可以在大致相同的时间段里习得母语——"儿童能在出生后的短短几年内掌握那么抽象和复杂的语言规则,是因为天生就有一种语言习得的心理倾向,能使他们系统地感知自然环境中的语言,并最后学会使用它"(王初明,1990)。在乔姆斯基(1965)看来,人类的语言看似一个心理客体,实则是一个生物客体。语言机能就像身体中的每个器官一样,具有生物属性,其基本特征取决于遗传基因。这种天生的语言习得机制(Language Acquisition Device,简称LAD)遵循所有语言的共同规则,即普遍语法(Universal Grammar,简称UG),而普遍语法在不同的语言中以各异的参数呈现。正是由于这种专有机制的存在,儿童只要置身于某种语言环境之中,就能在较短的时间之内形成语言能力;而随着年龄的增长,与语言相关的内在机制逐渐丧失或无法激活,所以习得语言的最佳年龄应该在发育期之前(胡壮麟,2001)。在语言生物性这一点上,乔姆斯基的语言习得机制和关键期假说可谓不谋而合。

有的语言学家跟踪研究一些地方发现的"狼孩""猴孩""猪孩"之后发现,无论人们采取何种方式教导这些回归社会的孩子,他们的语言能力都达不到正常环境下成长起来的儿童的水准。一个著名的证据来自对于美国加州"都市野孩"吉尼（Genie）的研究。吉尼出生后被父亲当作智障儿加以隔离，在1~13岁之间被剥夺了接触社会和接受语言输入的全部机会。1970年，数位语言学家开始采用各种方法传授她语言，却无法帮助她达到同龄儿童应有的母语水平。通过探究一个19岁墨西哥籍先天失聪男孩E. M.的语言学习情况，格里姆肖（Grimshaw，1998）发现在借助助听器学习语言34个月之后，他的语音还是存在很多问题，不能顺利掌握时态、词序、介词及代词的用法，而且此结果与使用助听器八个月后的测验成绩相比，无显著性差异。这表明，先天性听力丧失的儿童之所以在青春期后学习语言存在困难，很可能是错过了语言习得的关键期。

（二）一语习得框架下关键期假说的反理据

一语习得框架下的关键期假说，由于很难找到完全不接触语言的孩子，无法进行验证，因而一直备受争议。就关键期的终止年龄而言，克拉申（Krashen，1975）在分析了用来证实关键期假说的一些数据之后，认定大脑的侧化年龄大约为五岁，比列尼伯格提出的12岁要早很多。因此，即便所谓的关键期存在，它与大脑的侧化也是不同步的。后来，维特森（Witelson，1977）细化了大脑对言语刺激的敏感度与个体发育成熟之间的关系，认为对语言习得起关键作用的两个生理临界点分别为五岁与青春期。平克（Pinker，1994）则在他的著作《语言本能》一书里谈到"一个正常人的语言学习在六岁达到顶峰，随后这种能力逐渐减弱到青春期或稍迟一点，在此之后就很少有人能够掌握这门语言了"。就语言习得的层面而言，越来越多的语言学家坚信人在青春期之后并非完全不能习得语言，而是学习某些语言的核心部分会遇到一定的困难。斯科威尔（Scovel，1988）认为在语言的各个模块中，唯有发音存在关键期，学习生词、句法和学习发音是完全不同的过程。前者根本不需要牵连肌肉神经，也没有"生理上的物理运动"。大山（Oyama，1976）特别针对语音习得提出敏感期或最佳期的概念，指出语言习得的能力或敏感度是逐渐而非突然终结的。

总之，由于研究对象的匮乏，对关键期假说的实验和论证逐渐转向二语习得，并引发了人们的极大兴趣。大量的有关二语习得关键期和年龄因素的研究和争论得以开展，而支持和反对的理据似乎各占半数。

四、二语习得框架下关键期假说的正反理据

二语习得是否存在关键期，是语言学习的一个核心问题。赞成派以实证研究为依据，坚信关键期假说在相当一段时间内不可能被推翻，反对派则提出非生物基础的解释，认为认知发展、语言输入、心理因素等才是导致最终水平出现差异的决定性因素。

（一）二语习得框架下关键期假说的正理据

列尼伯格（1967）不否认在关键期后个体有习得语言的可能性，但他认为在关键期外的二语学习不同于关键期的学习。语言功能的神经表征和不同层面由于开始学习二语的时间早晚有别，而呈现出不同的结果。青春期之后，二语学习者使用不同于一语习得的

路径，语言习得的自然性快速消退，语言学习变成一个特意而为之的费力过程。

信奉二语习得关键期假说的人最喜欢引用的一个例子是美国前国务卿基辛格博士。12岁才移民到美国的他，说英语一直带着浓重的德语口音，而比他小两岁的弟弟讲起英语来却不带一点德语口音，这被称为"基辛格效应"。在众多研究者看来，二语习得的关键期与语音习得息息相关。阿什和加西亚（Asher & Garcia, 1969）在一项研究中发现，到达年龄为1～6岁的移民发音最为本土化，其次是7～13岁的人，而13～19岁的人发音最差，似乎有一个生物变量决定着学习者发音的标准度。朗（1990）通过实验发现，六岁之前开始学习二语的孩子，其语音一般都不带外国腔；6～12岁之间开始的孩子，有的有外国腔，有的则没有；而12岁之后才开始的学习者，一般都有外国腔。

约翰逊和纽伯特（Johnson & Newport, 1989）测试了46名在不同年龄移民到美国的韩国人和中国人英语语法的判断能力，结果表明年龄成为被试能否胜出的一个决定性因素，即青春期前移民的被试的语法判断能力较高，且与到美国时的年龄呈负相关，但是青春期后移民美国的被试的语法判断能力较低，且与年龄因素不相关。他们由此提议了"练习假说"和"成熟假说"来说明二语习得关键期的确存在，而这项研究也被认为是二语习得领域支持关键期假说的最好证据之一。帕特沃斯基（Patkowski, 1990）通过实证研究证实，15岁以下的学习者在句法方面能达到的二语水平比15岁以后才开始接触这门语言的学习者要高，年龄对二语学习的成功起到了举足轻重的作用，这个研究结果几乎与关键期假说完全一致。

(二) 二语习得框架下关键期假说的反理据

哈库塔（Hakuta，1999）认为，证明二语习得关键期的存在必须满足四个条件。首先，关键期开始和结束的时间应该明确。其次，关键期结束后的二语习得水平应该和关键期内有着显著的差异，存在清晰的断层。再次，关键期内和关键期前后的语言行为应有质的差别。最后，关键期内的二语习得不应受到环境因素的影响。

对于第一个条件，研究者各抒己见，众说纷纭。与列尼伯格（1967）设定的两岁到青春期区间不同的是，克拉申（1975）认为儿童在五岁已完成了大脑的侧化，这意味着大脑侧化与青春期后很难掌握二语的论点不一定有必然的联系；朗（1990）认为二语习得的关键期发生在六岁之前；约翰逊和纽伯特认为语言学习的衰退期始于七岁，大概到 15 岁结束。在伯德桑（2006）看来，青春期并非二语学习成功的临界点，对二语习得真正起作用的是"机遇窗口"（Windows of Opportunity，简称 WOP），它从出生一直延续到 27.5 岁，比人的生理成熟期延长了十几年的时间。看来，即便关键期存在，始于何时、终于何时还是一个尚无定论的议题。

就第二个条件，比亚雷斯托克和哈库塔（Bialystok & Hukuta，1999）发现英语水平随着移民年龄的增长持续降低，在青春期之后并没有出现断层现象。语言学习的生理机制会随着年龄的增长逐渐减弱，但这种变化是循序渐进的，不会像某些动物行为那样突然减少或消失。一方面，语音水平虽然与初次接触二语的年龄高度相关，但其关系还是一种渐进的线性关系，并没有出现在某个年龄明显转折，语言学习能力急剧下降的那种现象，这与关键期假说的观点显然相左。另一方面，成人在关键期后学习二语仍可达到本族语者的语言水平，普遍语法继续发挥作用，年龄因素不会对语法的学习有所影响。诸多研究发现，过了青春期之后才移居到美国的被试，他们的句法判断能力和当地人的水平相当，其英语水平有可能和母语为英语的人一样好。这也与关键期假说的第二个条件相违背，使得二语习得的关键期假说再次遭受挑战。

第三个条件是儿童与成人二语习得应有质的差异问题。根据关键期假说，关键期过后，自然语言的学习机制被关闭，二语学习只好借助于其他的机制，因此两者之间有质的差别。然而，各种研究表明，无论是从最终语言水平还是学习过程来看，儿童和成人的语言学习机制在本质上是一样的。在二语发展的过程中，儿童和成人既拥有普遍的习得启发机制，也使用相同的操作程序，比如，他们所犯错误种类和语言发展途径都极其相似、他们在习得语法的顺序上是完全重合的。语言学习能力在各个年龄段都会衰减，并不仅仅局限于青春期之后，其原因应归结为认知能力的改变，而不是与年龄相关的语言模块的变化。

至于第四个条件，许多学者都认为环境因素对二语习得至关重要，是决定语言发展最为关键的变量之一。儿童与成人语言方面的差异并不是语言习得机制本身造成的，而是语言习得机制的外部因素造成的。在进行早期二语教育的实验中不乏成功的例子，但据统计，其中90%都与移民的二语学习有关，与双语制的环境密切相关。因此，这种成功与其说是早期教育的结果，还不如说是环境优势的结果。事实上，对二语和外语的区分正是建立在二语习得环境的基础之上的,而克拉申的习得与学习之分在一定程度上也是对二语习得环境的划分。

五、小结

综上所述,一语习得框架下的关键期假说,得到的肯定似乎超过了否定的声音,但苦于研究对象的匮乏,无法获取有说服力的充分理据。而传统二语习得框架下的年龄研究往往拘泥于关键期生物机制的束缚,忽视了认知、情感、心理、环境等因素的作用。在本书作者看来,学习二语的起始年龄只是决定语言习得成功与否的因素之一,把不同年龄阶段二语习得能力的差异完全归因于神经生物机制有失公允。

第二章　二语语音习得的关键期

作为人类教育史上一个重要的理论，关键期假说最初是针对母语习得提出来的，但由于研究对象的匮乏，难以形成定论。研究的重点由此转向了二语习得领域，引发了大量有关最佳学习年龄的探究和争论。在本章中，作者综合生理、认知、心理和母语对二语的影响等因素，对二语语音关键期进行了多维解析，然后阐述了三种修正观点和理论，并最终得出结论：年龄小的学习者确实存在语言学习敏感期，在语音方面尤为突显；二语语音敏感期的提法更为合理和科学，对教育研究者和教育实践者具有更为重要的参考价值。

一、二语语音关键期的来源

作为20世纪下半叶最知名的发现之一，关键期被定义为个体发展过程中环境影响能起最大作用的时期。在此时间段，个体的生理成熟程度刚好与某种行为的发展同步，而一旦错过这个时期，这种行为将很难甚至无法习得。研究表明，从幼儿时期开始接触二语的人比成年后才开始学习二语的人更有可能达到本族语者的水平，前者的优势突出表现在语音方面。埃利斯（Ellis，1985）认为习得二语的起始年龄对学习者可能获得的语音精密性起着决定性的作用。学得越早，就越容易掌握地道的发音。青春期之后要想达到本族语者那样的语音水平，几乎是不可能的。

二、二语语音关键期的正反理据

为了论证二语语音关键期的存在，诸多学者开展了大量研究，得出了或支持或反对的结论。大山（1976）针对60位移民美国的意大利人进行的研究表明，与他们在美国的居住时间相比，到达移民地的年龄对他们二语语音的影响要显著得多。六岁以下的儿童最具优势，6岁到12、13岁的学习者仍有较大可能掌握地道的二语发音。阿什和加西亚（1969）发现六岁以前到达美国的古巴移民，其发音接近本土美国人的比例占到71%，13岁以后移民美国的群体，其发音精准率仅为17%。帕特沃斯基（1990）的实验研究证明语音等级和到达移民地的年龄之间存在着显著的负相关。15岁之前到达的学习者中88%达到了4+或5级（最高等级）的水平，而成人学习者中只有3%获得了5级。朗（1990）证实了年龄是影响语音精准的决定性因素——六岁之前是获得纯正二语口音的关键期，12岁之后一般都带外国腔。汤普森（Thompson，1991）通过对比36名移居美国的俄罗斯人的英语口音，发现十岁前到达美国的受试口音比十岁后到达美国的受试更接近英语母语者的标准语音。到达年龄是预测英语发音等级的最重要因素，其影响如此之大以至于其他因素几乎都可以忽略不计。弗利奇等人（Flege et al, 1995）以一群年龄及学习目的语起始年龄均不相同、移民加拿大的意大利人为研究对象，通过一项口头重复任务，将受试组在该任务中的表现与一组由本族语者组成的对比组加以比较。结果发现，这些意大利人的外语口音首次出现在六到七岁之间，而12岁之后才开始二语学习的人则无法习得地道的外语口音。1997年，弗勒吉等人的另一项研究结果显示，初学年龄与二语语音之间存在高度相关的线性关系。二语学习起始年龄越早的人，其语言发音的纯正程度越高。由此，研究者认为关键期与二语发音相关，与语法无关。斯科威尔（1969）也认为只存在二语习得的语音关键期，这是因为语音是唯一具有神经肌肉基础的语言表征，如果晚于12岁开始学习二语将无法达到母语者的发音水平。据塞林格等人（Selinker, 1972）的统计，学习二语的成人之中只有6%~8%是不带外来口音的；特里吉方奥等人（Terry Kit-fong Au et al., 2002）研究了儿童时期学习的长期影响，发现二语学习者如果在儿童时期常常听到这门外语，成年后他们的语音则比那些没有听到过的人更加接近于母语者的口音。在国内，陶滢和张明芝（2008）从语言习得关键期假说出发，分析了国内两所高校79名大学生的英语语音现状。基于实证数据，他们认为十岁是英语语音学习的关键期或敏感期。

然而，很多研究也表明，即使在语音学习方面所谓的关键期也有一些例外，有些人在青春期结束甚至在成年之后才开始学习二语，却在语音方面最终达到了地道母语的水准。奥尔森和塞缪尔（Olsen & Samuel, 1973）的研究结果质疑了二语语音关键期的存在。他们测试了三组母语为英语的受试的二语发音，其结果与关键期假说相左：18~26岁和14~15岁的两组学生的德语发音比9.5~10.5岁的那组学生要好。邦格茨（Bongaerts，1999）选择了三名丹麦籍学业优等的大学高年级英语和法语学生，通过有声朗读法来测试他们在这两种语言的语音层面是否有达到本族语水平的潜能。测试结果再一次质疑了语音存在关键期的结论：这三位受试被评定为发音纯正，已达到近似本族语者的口音水平。伯德桑（2001）调查了20名初学法语时平均年龄为23岁、母语为英语的学习者习得法语连音辅音的情况，结果发现其中的四位学习者的语素和语音正确率为100%。通过调查一组波斯人的英语语音习得情况，卡西安（Kassaian，2011）探究了年龄和英语语音感知能力之间的关联性，结果发现成人和儿童对于英语语音的感知和产出能力基本相同。可以看出，以上这些实验结果并不支持二语语音存在关键期的假设。

三、二语语音关键期的多维解析

二语习得是一个复杂多变的过程，既受到学习者内部因素的影响，又受到外部因素的冲击。关键期假说绝非仅仅从生物学角度提出的一个理论，而是一个综合心理学、认知学、语言学等维度的研究问题，需要从各个学科领域中寻求理论支撑。虽然关键期假说很难证实，但从生理、认知、心理和母语对二语的影响等诸多角度分析，年龄小的学习者确实存在学习优势，在语音习得方面尤为突显。

（一）生物学维度

平克（2004）在他的《语言本能》一书中指出，语言发展和长牙齿一样，都受到生物钟的控制。韦伯-福克斯和内维尔（Weber-Fox & Neville, 1999）进行的研究表明：对较晚开始学习二语的人而言，大脑皮质中控制母语和二语功能的某些区域没有重合；相反，对较早接触二语的学习者来说，母语和二语在大脑皮质相同的位置得到表征。这说明由于二语学习的起始时间有别，语言功能的不同层面和神经表征产生了不同的效果。人脑在某个特定时期，掌管语言的区域充分发育成熟，导致神经系统失去弹性。也就是说，掌握语言加工的某些子系统甚至在儿童早期就受到成熟变化的制约，从而影响青春期之后开始的二语学习。

如果给予充分的语言接触，儿童都可以习得地道的二语语音，而随着年龄的增长，获得精准口音的可能性就越小。对此，生物学的解释是：为了交流，人们必须使用包括嗓子、声带、口、唇、舌在内的发音器官和脸部的上千块肌肉。与其他身体器官一样，人类的发音器官在青春期之前都处于发展状态，其运动神经的调解具有很大的可塑性和灵活性。随着生理机能的发展，语言肌肉逐渐学会控制各种复杂发音，发音器官配合语言的发音系统适时调整形状，进而发出各种如母语般地道的二语口音。因此，儿童时期是语音发展的最佳阶段，对于精确发出一些母语中没有的语音至关重要。随着年龄的增长，这些肌肉变得越来越难以训练，而一旦过了青春期，发展趋于稳定，这种可塑性就开始弱化，语言对大脑的刺激减弱，创新性和灵活性日益衰退，从而在发音上产生某些约束。

（二）认知维度

人类的认知处于不断发展的过程之中。在青春期之前，认知能力快速发展，而后逐渐放缓。纽伯特（1991）认为，儿童没有大人正常的学习思维障碍，而正是这种认知的不成熟性才有利于二语的习得。处于高度"自我中心"时期的儿童短时记忆容量有限，使得他们在加工语言输入材料时，只能抽取少量的信息，集中对一个维度进行加工，而这种自然、无意识、开放性的认知能力对于相对零散、相对简单的语音单元来说更为有利，故而儿童时期（特别是六岁之前）是二语语音学习的黄金阶段。相比之下，拥有较大短时记忆容量的成人，在加工语言输入材料时能够同时抽取更多的信息，利用一般的认知能力（如抽象思维）对二语进行有意识、有规则、过分分析、过度概括的学习，而同时对众多的信息进行分析加工是不利于语言习得，尤其是二语语音的。他们很容易趋向于经济原则，借助母语语音来习得二语语音，如此一来，付出的代价往往是二语语音的精准度。

（三）心理维度

任何认知过程都伴随着一定的心理变化，语言学习更是如此。克拉申（1982）认为儿童与成人学习二语有所差异，其本质原因并不是语言习得机制的改变，而是情感过滤的强弱。当情感过滤较强时，语言输入就无法到达大脑中负责语言学习的区域，从而阻碍语言学习；当情感过滤较弱时，有利于大脑获取大量的语言输入，促进语言的发展。儿童学习二语语音之所以独具优势，其原因之一在于较低的情感屏障。他们善于观察、乐于模仿、敢于开口、不怕重复、不怕错误。为了达到语音的精准度，他们可以长时间、高强度地反复操练，且乐此不疲。如此的心理投入，引导他们最终获得地道的二语口音。而成人随着自我意识日趋明显，自然会产生一种心理防御，以保护脆弱的自我。他们在学习二语时，由于缺乏自信，羞于开口，害怕失误，担心丢脸，也就不愿意用心练习，从而失去了很多宝贵的机会，抑制了二语语音水平的提升。

成人学一门新语言，跟儿童最大的不同之处是头脑中已经储存了一门语言，年龄越大，母语固化得越厉害。通过研究二语习得中人格特点的变异，吉奥拉（Guiora，1972）提出了"语言自我"（Language Ego）的概念，即对语言的认同度。从这一概念可知，成人在二语习得前，语言自我变得更具保护性和防御性，对外界的反应越来越敏感，会因某些经历和看法而对所学的二语产生偏见。如汉语和英语归属于不同的语系，在语音方面有较大差异，甚至出现了某些空缺现象，带着对母语的保护心理，成人会有意无意地产生抵触情绪，特别排斥那些和汉语语音不同的二语语音学习，因而很难达到本族语者的发音水平和流利程度。

（四）语言维度

从语言维度来看，儿童学习母语是一个从无到有的过程，而二语学习则是在已具备了一套特定语言规则的基础上进行的，已有的语言知识不可避免地成为他们学习二语的参照物。根据同化学习理论，人类学习的共性之一是用旧知识同化新知识，已有的知识往往作为建构新知识的起点。这种同化机制在促进学习的同时，有时也会阻碍学习，在语音方面尤为显著。成年人母语语音系统已经相当成熟，所以对二语的同化作用远大于儿童，对二语中和母语有差异的语音倾向于模糊处理，外国腔也就难以消除。

由贝茨等人（Bates et al., 1998）提出的"浮现理论"（Emergentist Theory）认为二语获得的年龄效应是由母语与二语的互动作用造成的，即同一个体所拥有的不同语言之间具有一种竞争机制，在处于某一语言环境之时，适应该语言环境的语言便获得发展，不适应的语言则受到抑制。二语习得往往受到母语的制约，产生后天的学习困难。儿童由于其母语根基还不深，对二语往往更为包容，构建新的语言模式就显得容易得多。在语音方面，儿童不易受到母语甚至方言的影响，所以他们习得的效果往往可以达到更加纯正的水平。成人学习二语之所以较为困难，是因为他们母语的防守能力更强，二语与母语的竞争力相比偏低。成人一旦掌握了母语的语音范畴，就倾向于根据这些范畴来感知二语的语音，尤其是那些与母语相近的二语语音。他们乐于把二语同母语联系起来，而这两种并不能完全对等的语言若是简单粗糙地进行平行比较，二语习得的过程必然会受到大量的母语干扰，从而难以掌握原汁原味的目标语言。外国腔的出现是母语的间接影响和必然结果，而非语音学习能力的丧失或减弱所致。当然，成人通过不断增加二语的熟练度以及合理利用两种语言间的线索，二语还是可以形成独立于母语的模块，最终达到类似于母语的水平。在二语学习者语音知觉和产出领域进行了数十年研究的弗利奇提出了"语音学习模式"，认为学习者的二语语音习得过程和机制终身可及，二语语音习得困难和母语的介入程度有关，和关键期无关（李艳红、戴曼纯，2014）。

四、二语语音关键期的修正

在二语习得领域，赞成"语音关键期假说"的学者大都把原因归结于大脑侧化、生理成熟,这种意义上的关键期认定起始年龄和目标语言水平之间存在着一种因果关系,是不允许有例外情况出现的——生理因素决定了"要么全有要么全无"的目标语习得结果。通过对于儿童二语语音优势的多维分析,我们发现仅仅基于生物学的解释显得过于狭隘和绝对。在弗利奇(1987)看来,儿童学习二语语音的速度比大人更快的原因应归结为动机、情感和社会等变量,而不应是语音关键期存在的证据。事实上,关键期的起始、终止年龄迄今无法确定;关键期之前、之后和关键期期间的语言水平、语言行为并没有本质上的变化,更没有急剧的突变。正是因为看到了这种缺陷,数位学者提出了他们有关关键期假说的修正观点和理论。

(一)多重关键期假说

早期的关键期假说对于年龄在二语习得中的作用论述很不充分,这是因为假说只在局部事实上显示出正确性,而不能说明为什么可塑性的丧失只影响语音而不影响语言的其他方面。在塞利格(Seliger, 1978)看来,之所以发生这样的争议,原因之一很可能是关键期假说的设定过于简单和概括。关键期假说把复杂的语言学习过程视为一个整体过程,而语言是由包括语音、句法、语义等在内的不同成分构成的。各部分习得难易程度不同,习得方式各异,再加上背景有别的母语和二语学习环境,不大可能只存在一个单一的关键期。为此,他提出了"多重关键期假说"(Multiple Critical Periods Hypothesis):大脑的侧化和语言功能的定位是一个耗费数年、缓慢完成的过程。语言各方面的能力似乎有着或连接或重叠的不同关键期,这些能力的发展将在不同的年龄阶段达到顶峰,某一关键期的来临则意味着某种习得能力的丧失。有的语言能力(如语音)关键期比较短,超过十二三岁便消失了;有的语言能力(如语法)的关键期很长,甚至持续终生。

(二)敏感期假说

大山(1976)提出用"敏感期"(sensitive period)来代替关键期这一术语,是因为语言学习的生理机制确实随着年龄的增长而逐渐衰减,但并没有像某些动物行为那样陡然下降或彻底消失,而是一个慢慢消退、自然的过渡状态,这种现象需要采用新的术语来加以描述。敏感期假说的重要性就体现在它既承认了语言习得中的生物因素,也预示了语言习得中其他因素的存在。从本质上来讲,敏感期试图解释青春期后的语言学习者也可以达到青春期前语言学习水平的特例问题。这种观点的提出,为语言习得关键期的研究开辟了一个以多维度为基础和方向的研究领域。拉曼德拉(Lamendella,1977)同样认为列尼伯格(1967)提出的关键期假说过于绝对,赞同把语言习得最见成效的时期定义为语言敏感期——"儿童从早期开始习得二语可能会更有效,但并不是晚起点开始习得语言就完全不可能"。根据大量实证研究的结果,许多学者提出六岁之前是儿童学习二语语音的敏感期。在六岁前开始接触二语,大多数儿童可以掌握地道的正宗语音。

(三)机会窗口说

2001年,伯德桑等人从语言学及元语言学的角度研究发现一个称之为"机会窗口"的有趣现象,即在一段时间跨度期间学习者的学习潜力是最大的,甚至可以达到本族语者的水平,而一旦错过了这个最佳时间段,语言水平将随着年龄的增长而下降。从出生到 27.5 岁之前,这个窗口一直处于开启状态,学习者只要在此时段内开始二语习得,就有可能获得接近本族语者的水平。一旦超过 27.5 岁,机遇窗口逐渐关闭,学习者习得语言的成功率与年龄之间呈现显著的负相关,语音、词汇、句法等语言层面的水平呈现出不同速度的下降趋势。这一学说认为,起始年龄对二语学习固然重要,但是青春期并不是二语学习成功的唯一临界点,过了青春期依然可能在二语学习的各个方面、各个层次达到接近本族语者的水平。

五、小结

二语习得是一个复杂的过程,这其中涉及社会、文化等外在因素的影响,又涉及个人生理、心理、认知、母语等内在因素的影响。只有充分考虑了这些因素,在开展多维度、交叉学科研究的基础之上,通过对现有研究结果进行细致分析、筛查,才有可能获得有关二语关键期假说的更为可靠的结论。事实上,关键期假说本身就是一个需要不断修正、不断修改的理论体系,而不是一个固化的结论。

就二语语音关键期而言,本书作者更倾向于把其修正为二语语音敏感期的观点。这是因为敏感期的启动和终结时间既受年龄调节,又与经验关联,是遗传与经验共同作用的结果。正如斯波尔斯基(Spolsky,1989)在回顾了有关的文献后所言,即使是在语音方面，年龄也只是获得地道口音的一个偏爱条件，还不是必要条件。与关键期强调脑功能的不可逆相比，敏感期更强调在某个发展阶段儿童的某些能力更可能受到各种维度因素的影响与改变。由此可知，二语语音敏感期的提法更为合理和科学，对教育研究者和教育实践者具有更为重要的参考价值。

第三章 基于年龄效应的二语
（外语）词汇习得

在本章中，作者基于二语（外语）词汇习得年龄效应的相关研究成果，从正反理据和研究转向解析了年龄因素对于二语（外语）词汇习得效率、准确率、次序等方面的影响。相比较语言的其他层面，早期学习者在词汇习得方面并没有呈现出明显的年龄效应，反而是成年人和青少年，在二语（外语）词汇习得上更具优势。在很多情况下，年龄和其他因素（如词频、频率分布模式等）交互作用，共同影响二语（外语）的词汇学习效果。

一、词汇习得年龄的界定

词汇习得年龄是指学习者初次接触某词并理解其语义的年龄，词汇习得年龄效应缘起母语词汇再认与产出研究，其观点是早期习得词比晚期习得词更具加工优势（卡罗尔和怀特 Carroll & White, 1973）。

威尔金斯（Wilkins，1972）认为，如果语法缺失，人们不能表达很多东西；而没有了词汇，他们则无法进行任何表达。刘易斯（Lewis，1993）也指出，词汇习得是二语习得的中心任务，对各项语言能力的提升起到关键作用。由此可见，词汇是语言习得的重中之重，对它的认知和理解不容忽视。然而，词汇是否和语言其他层面一样受到所谓习得关键期的影响和约束（列尼伯格，1967），在哪个年龄阶段习得二语（外语）词汇最为有效，这些问题的确切答案引发了国内外众多学者的广泛关注与探究。

二、基于年龄效应的二语词汇习得研究

由于词汇习得年龄效应关系到早期的语言习得是否会影响成人的语言加工，国内外诸多学者对此进行了大量的学理论证和实证研究，或肯定、或否定了该效应的存在。

（一）正理据

在支持者看来，词汇习得年龄效应是词汇通达与产出的决定因素。李（Lee，1998）认为词汇和词语搭配能力习得存在敏感期，介于6~15岁。一旦超过这个年龄，学习者的词汇习得能力呈现出不同速率的衰减（赵飞、邹为诚，2008）。辛柯、周淑莉（2006）相信随着学习者年龄的增长，尤其是到了四五十岁以上时，词汇习得的速度和效率明显下降。布赖斯拜尔等人（Brysbaer et al.，2000）采用词汇联想任务，发现受试在判断早期习得词语比晚期习得词语的速度要快；陈宝国等人（2004）考察了词汇习得年龄和频率在词汇识别中的作用,发现词汇习得年龄是影响词汇识别的重要因素,相比晚期习得的词汇,早期习得的词汇更具加工优势。诚然,成人在去世之前都有学习新词和词语搭配的能力,但是斯帕达罗(Spadaro,1996)的研究表明,成人在词汇和词语搭配方面较之儿童缺失某些能力,如识别正确和不正确的语义拓展能力。

(二)反理据

从学理论证上,埃利斯(1999)基于前人的实验研究指出,在学习时长相等的情况下,少年比儿童和成人在词汇和词义等方面表现更为出色;彭坚(2007)赞同此观点,认为在自然交际环境下习得时间对等的青少年在词汇方面比儿童和成人做得更好,但在语音上没有明显的区别。这可能是因为不同于词汇和句法,语音习得与发音器官的成熟、可塑性和局限性密切相关,而词汇习得则没有存在类似关键期的必要性。毛伟宾、顾维忱(2008)对成人可以学好二语同样持一种相对乐观的态度:语音习得较早较多受到大脑成熟的影响,而词汇加工、语义理解则不存在此类影响。刘振前(2003)认为除了原则和参数外,语言能力的其他方面(如词汇)可能并不受关键期的制约。除了正常的能力衰退之外,年龄造成的线性影响很小。鉴于此,段胜峰、吴文(2014)更赞同大山(1976)提出的敏感期假说,这是因为在人脑的语言功能区内,帮助语言习得的神经元细胞随着年龄的增长和机体的成熟逐渐减少甚至消亡,而非瞬间的突变。

在词汇习得速度和效果上,斯诺和霍夫纳格尔 – 霍勒(Snow & Hoefnagle – Hohle,1978)对三组母语为英语的受试在自然环境下习得荷兰语进行了为期 10 个月的调查，最终的词汇测试结果表明，青少年表现最佳，成人次之，儿童最差。在 1997 年的另一项研究中，他们设定了英语为母语的两组对象：一组是初学者（分为 3～5 岁、6～7 岁、8～10 岁、12～15 岁和成人五组），另一组是在荷兰生活过且讲荷兰语至少 18 个月的高阶组（分为 6～7 岁、8～10 岁、12～15 岁和成人四组），结果显示在词汇层面，6～7 岁的研究对象比 3～5 岁的成绩高出很多，成人（15 岁以上）比儿童（6～10 岁）表现出色，所有组别中青少年（12～15 岁）的学习效率和效果最佳。这与韦伯－奥尔森和鲁德尔（Weber－Olsen & Ruder et al.，1980）等人及马里诺娃－托德（Marinova－Todd，2000）的研究结果高度一致，即在非母语词汇学习上，成年学习者的表现全面超过了儿童。穆尼奥斯（Muñoz，2011）选取了 162 名西班牙大学生（其中女性 141 人、男性 21 人，学习英语的年限均超过了 10 年）参加包括词汇接受度在内的三个测试，结果表明，起始年龄和词汇能力没有明显的相关性。在习得次序方面，卡兹登等人（Cazden et al.，1975）的研究表明儿童、青少年和成年学习者对诸如否定词、疑问词之类的传统结构表现趋同，即先习得否定词后习得疑问词。这说明，成人和儿童学习者在词汇习得的次序方面没有本质区别，不存在断层式的所谓关键期。

  基于二语词汇习得年龄效应研究的正反理据，我们发现了一个共性的问题，即传统二语习得年龄研究过于拘泥于关键期生物机制的束缚，忽视了社会、教育、动机、认知等因素的作用；近年来的相关研究借助认知神经科学技术，对年龄与词汇习得的关系做了更为深入的探究和解析，但或多或少存在着某些归因或统计方法上的失误或问题。比如，韦伯-福克斯等人（1996，1999，2001）的系列研究忽视了研究对象的语言水平以及他们接触目标语的数量，因此不足以证明年龄的关键作用。

三、基于年龄效应的外语词汇习得研究

在梳理以往的外语词汇习得年龄效应文献时，本书作者发现很多研究没有明确说明分析对象为外语学习者或二语学习者，这种模糊界定使得能加以评述的研究数量相对有限。在交代明晰的外语词汇习得文献中，希尔森罗思等人（Hilsenroth et al., 2004）的研究似乎提供了一个年龄效应的正理据。该研究的参与者接受了包括词汇、语法和写作等在内的英语能力测试，结果发现早学者的英语成绩（包括分项分）明显优于晚学者的成绩。但该研究的作者同时指出，学习成就还可归因于个人特征和环境等，年龄因素只是其一。弗洛兰德和詹森（Florander & Jansen, 1968）对四至六年级学生进行80小时和320小时外语（英语）课堂教学后测试了他们的语法、词汇、听力和阅读。他们发现，80小时教学后受试中较年长的学生占有一定优势，而在320小时教学后，这种优势逐渐缩小，不同年龄的学生在测试结果上没有呈现出显著差异。穆尼奥斯（2006）发现在正式教学的早期阶段，以英语为外语的晚学者拥有更为丰富的词汇，成人的初始习得速度较之儿童更快，但早学者最终会赶上晚学者。从长期来看，不同年龄的学习者并没有表现出显著的差异（穆尼奥斯，2008）。国内学者陈军（2009）认为11~17岁的外语学习者的语言理解能力、词法习得速度和具体语言层面学习（如词

汇）均超过了成人和儿童，这是因为少年学习者具有较好的认知能力、元语言意识、模仿力、记忆力、语言交际策略、语言和文化理解力、语言输出监控力和较低的情感屏障等。柴小莉（2010）针对某大学大一学生实施了一项不同年龄段学习者对于英语接受度的问卷调查，发现大部分受试在2~6岁、7~10岁这两个年龄阶段能较好地接受口语、听力和词汇学习，而在语法、阅读和写作层面接受能力较差；在11~14岁和15岁以后这两个年龄段，接受力较好的语言层面包括词汇、语法和阅读，较差的为口语和听力。由此可以判断，不同年龄段开始学习外语的学习者在其他语言层面的表现存在一定差别，而在词汇方面几乎无异，即在每个年龄段学习者都可以正常习得外语词汇。

在词汇磨蚀方面，伯曼和奥尔斯泰（Berman & Olshtain，1983）发现，5~8岁组儿童的外语（英语）磨蚀从质和量上都明显超出了8~14岁组的儿童；科恩（Cohen，1989）的个案研究跟踪了两个双语儿童的三语（葡萄牙语）磨蚀情况，结果显示九岁儿童的产出性词汇磨蚀率比12岁儿童要高，尤以名词为甚；而在奥尔斯泰（1989）的后续研究中，5~8岁组的儿童在英语不规则复数和动词过去式方面表现出大量的磨蚀，而8~14岁组的儿童并未出现上述现象。由此可见，外语词汇习得并非越早越好，8~9岁是一个切分点，在此年龄段之后习得的词汇磨蚀率更低。

与二语词汇习得年龄效应研究形成的两大对立阵营不同，大多数基于年龄效应的外语词汇习得研究指向的结论是：儿童学习者在词汇习得上不具优势，倒是青少年和成人在初始习得效率和效果方面占优。而且，就磨蚀率而言，词汇习得并不是越早越好，8~9岁以后习得的词汇磨蚀率更低。故此,起始年龄对外语学习固然重要,但是青春期并不是外语学习成功的临界点,过了青春期依然可能顺利习得语言的各个层面(特别是在词汇方面)。

四、基于年龄效应的词汇习得研究转向

鉴于二语(外语)词汇习得年龄效应的研究结论呈现的差异和不一致,近年来各国学者从不同角度尝试探究习得年龄对词汇加工的效应,提出了一些新观点。

为更好地解析词汇习得的年龄效应,埃利斯和兰邦(Ellis & Lambon,2000)提出了"网络可塑性假设"。借助计算机模拟,他们发现早期习得的词汇可通过网络权重的变化建立自身的结构,而晚期习得的词汇需在已有的各个独立结构中构建联系。随着词汇量的增长,学习者的网络可塑性逐步降低,导致后期的词汇编码和加工处于劣势,减弱了吸收新词汇的能力,从而产生了传统研究宣称的词汇习得年龄效应。可以说,所谓的词汇习得年龄效应产生于学习过程之中,是词汇固有的属性,是词汇的音、形、义多个层次的综合结果,并非年龄因素单独作用的结果。

近年来,一些学者基于他们的研究成果,认为词汇习得年龄效应是累计频率(词频)、频率分布、词长等因素共同作用的一个结果变量(outcome variable)。基于行为主义方法的视角,达尔乔维德约乔(Dardjowidjojo,2000)发现儿童词汇习得的发展取决于他所接收的输入,所掌握词汇的数量和种类取决于其接收到的输入。如果输入的接受频率不同,那么习得的结果也不尽相同。泽文等人

(Zevin et al., 2002) 发现以往一些相关词汇研究存在频率统计的误差（特别是在低频词方面），所谓的年龄效应可能是由于未能严格匹配频率因素而造成的。由此，他们利用新的频率统计标准（WFG 和 CELEX）重新设计了研究，发现词汇习得年龄效应或许可基于两个因素加以考虑和澄清，一个是词的累计频率（指学习者在一定的时间内累计遇到某个词的次数），另一个是词的频率分布模式（指词汇在一定的时间内出现次数的分布特征）。

相较于年龄效应，词频效应是心理语言学中最为稳定的效应之一。虽然有个别研究宣称证实了习得年龄和词频的相互独立性（德戴恩和斯托姆斯 De Deyne & Storms, 2007），更多的研究肯定了词频与习得年龄的交互作用。利用表征与频率间的映射关系的实验研究结果以及计算机模拟的数据，卡特林等人（Catling et al., 2008）发现习得年龄与词频存在很高的相关性，两者的效应均贯穿于整个词汇加工系统之中。在泽文等人（2004）的另一项研究中，他们提出了用频率分布模式代替词汇习得年龄变量的观点。首先，以词汇习得年龄为因变量，以频率分布模式、累计频率、词长等因素为预测变量进行回归分析，研究者发现，在排除其他变量的作用后，频率分布模式对词汇习得年龄变量贡献显著。然后，他们把频率分布模式作为因变量进行回归分析，结果显示它与累计频率呈低相关性，即和词汇习得年龄变量相比，频率分布模式更少与其他影响词汇加工的变量交互作用。可以说，频率分布模式的提出从理论上解释了为什么我们掌握某些词比其他词要早。而且，与习得年龄不同的是，频率分布模式不是一个结果变量，它作为词的客观特征而存在，从而可以用来更客观地检验习得年龄因素在词汇加工中发挥的效应。

五、小结

基于以往二语（外语）词汇习得年龄效应的研究综述，本书作者发现：词汇习得年龄效应是从一种假设机制发展到多种假设机制的并存，在很多情况下，年龄和其他因素通过交互作用影响了二语（外语）学习的结果。与关键期的语音习得优势不同的是，成人在二语（外语）词汇学习方面可能更具优势。从现有的研究和实践来看，青少年是词汇习得的最佳时期。由于不同语言层面的习得路径和难度各异，加之不同的母语背景和语言环境，二语（外语）的最佳初始习得年龄应不尽相同。有些语言子系统习得的关键期在青春期之前，有些可能出现在其他年龄段，有些则根本不存在。因此，与其纠结于从几岁开始外语教学，还不如淡化年龄因素和外语语言能力的关联，设计适合不同年龄段学习者需关注的语言层面（如语音、词汇、句法、语篇等）的教学活动和任务，有效提升学习者词汇输入的词频、强度、分布和关联。

第四章　基于年龄效应的二语（外语）语法习得

在本章中，作者基于二语（外语）语法习得年龄效应的相关研究成果，从正反理据解析了年龄因素对于语言语法习得的影响。虽然暂无足够有力的证据绝对否定或肯定二语习得以及外语学习语法关键期的存在，但近年来的研究总体上更倾向于否定的观点。同时，诸多学者转而提出不同的理论及视角，以便更全面、更科学地解读二语（外语）语法习得的复杂动态过程，获得有关年龄效应更为可靠的结论。

一、关键期假说与年龄效应

列尼伯格（1967）基于一语（母语）习得提出的关键期假说所界定的 2~12 岁区间多年来被当作研究年龄因素的一个窗口和切入点，年龄被认为是预测二语习得成效的一个关键变量。然而，越来越多的研究发现同处于关键期内的幼儿（或儿童）学习者之间、关键期后的青少年（或成年）学习者之间也存在明显的差异，于是内涵更广的"年龄效应"逐渐取代了"关键期"。综合业界学者的观点（如费尔堡 Firebaugh，2005；多利乌斯 Dorius，2006；赫尔曼 Hellman，2009），"年龄效应"可界定为二语（外语）学习过程中，不同习得年龄的学习者在学习效率、学习成就等方面呈现出的差异。

作为关键期假说的一个重要证据，美国洛杉矶的吉尼案例被广泛引用和探究。12 岁半以前从未有机会接触人类语言的吉尼历经近六年的学习，到 18 岁时才具备了最低限度的语法能力，而且话语表达中基本没有句法。鉴于这个案例涉及的是一语（母语）习得，在二语习得（外语学习）中是否存在同样原则，学界有着不同的声音。毕竟，我们在已掌握母语的基础上再去学习另一门语言，各方面因素发生了很大的变化，专门的深入研究尤为重要。

需要说明的是，本章论及的语法包括句法和词法，但以句法为主。

二、基于年龄效应的二语语法习得研究

（一）正理据

在二语习得领域较早的研究比较倾向于支持关键期假说。塞利格（1978）相信青年人在语法习得上比成年人表现更出色，16 岁左右应该是语法关键期。维维安（Vivian，2005）也持类似观点，认为语法习得的关键期可能比语音习得关键期要晚，大约在 15 岁

左右。毛伟宾、顾维忱（2008）相信语言习得的不同领域可能存在不同的关键期，句法、语音的加工能力可能与大脑成熟有着密切的关系。早学者能利用感知运动脑区加工二语语法，而晚学者则不能，因此后者无法达到类似母语的水平（埃尔南德斯 Hernandez，2013）。

在语法习得年龄效应方面，帕托夫斯基（1980）通过实验首次提出语法习得关键期的存在。他在研究67位不同年龄不同背景，在美国学习英语五年以上的移民后发现：15岁之前移居美国的学习者比15岁之后移居美国的学习者能更熟练地掌握句法。到达美国的年龄越小，在句法习得方面表现得越出色。最佳习得年龄为12~15岁（即青春期前），15岁以后习得句法的能力开始下降。约翰逊和纽伯特（1989）利用语法判断任务，研究了46名在二语环境下（3~39岁移居美国，在美连续居住三年以上，学习英语超过五年）的中国人和韩国人对英语语法的掌握情况，结果发现受试的语法掌握程度与到达年龄呈负相关——3~7岁移居到美国的受试的成绩和母语组无甚区别，8~16岁组的英语水平有随年龄下降的现象。这种线性衰退从七岁开始，到15~17岁左右结束，即17岁以后才移居到美国的受试，其语言水平远比其他年龄组差，且语法表现与年龄没有直接相关。二语语法学习存在一定的关键年龄，七岁可能是关键转折点。由于研究者控制了受试在美国生活的时间，证明居住时间对二语学习成就并无显著影响，使得研究结论成为二语习得领域支持关键期假说的最好证据。1991年，这两位学者对比研究了成年后和4~16岁间到美国生活和学习英语的两组中国人，结果发现学习二语的初始年龄越小，受母语语法的影响越小；如果成年后才开始学习二语,此时受母语语法影响较大,较难掌握二语语法。后来,约翰逊(1992)又采用笔头方式重复了他和纽伯特在1989年做的实验,得出了相同的结果。

(二)反理据

与获取正理据的研究相对的是,诸多有关年龄效应的研究认为二语语法的习得过程实质上并不受年龄的影响。在某些学习条件下,成人语言学习者可能比儿童更有效率,因为他们对脱离语境的语言更为敏感,并且依靠成年后拥有的元语言能力和技能,对语法和形式规则的认识有所提高(麦克劳林 McLaughlin,1981)。沃尔什等人(Walsh et al.,1981)认为早在大脑神经趋于成熟之前,发音功能已在大脑的锥形神经细胞中渗透,而其他语言功能(如句法)渗透到星形的脑神经细胞成熟的时间比锥形细胞要晚得多。赫申松(Herschensohn,2007)认为晚学者可利用自身的一语学习策略来习得语法,取得比早学者更好的表现。而厄尔曼(Ullman,2004)提出的"陈述性(程序性)模型"则认为母语者主要依靠程序性知识处理句子,是一个自动的、下意识的过程,速度较快;二语者主要依靠陈述性知识来处理句子,是一个非自动的、有意识的过程,速度较慢。但是,长时间的学习和积累能导致程序性记忆对语法规则更好的学习,进而导致该语言的高度熟练性。当二语者的语言水平达到一定程度时,就可以像母语者一样利用句法的程序性知识进行加工,也就是说随着二语水平的提高,他们对句法结构的掌握可以接近母语者的水平。

作为二语习得关键期假说的反对者,克拉申等人(1976)的研究结果表明，儿童和成人二语学习者在英语语法上存在类似的学习困难。他们认为在青春期后有一个语言学习的短期速成，尤其是在句法和语言形态方面，且数据表明从长远角度看这种优势在青春期前的儿童身上并不显著，关键期假说因此并不存在。法斯曼（Fathman，1975）调查了华盛顿地区 200 个六至 15 岁移民儿童掌握英语的情况，结果表明：晚学者（11～15 岁）比早学者（6～10 岁）在词法和句法方面掌握得更好。斯诺和霍夫纳格尔－霍勒（1978）历经十个月，研究了三组母语为英语的受试在自然环境下习得荷兰语的表现，结果发现：青少年组（12～15 岁）学习荷兰语的最初几个月进步最快，成人组（15 岁以上）在词法和句法的理解、掌握上保持明显的优势。总体上，青少年学得最好，成人次之，儿童则排在最后。另一持反对声音的代表性人物伯德桑（1992）通过一系列的研究，驳斥了二语习得关键期的存在。他以句法判断为实验材料，测试了 20 位英语为本族语的法语学习者，结果表明，一些学习起步晚的成人（五位）的语法判断能力不亚于母语者，这表明关键期并未在这些人身上发生作用，在青春期之后开始学习二语的个体仍有可能在句法方面达到与目标语母语者一样的水平。1999年，伯德桑再次以 20 名母语为英语的成年法语学习者为被试进行研究，发现 15 人的语法判断任务成绩处于法国本国人正常范围之内，其余五人也只是略微偏离正常而已。比亚雷斯托克和哈库塔（1999）研究了句法习得是否存在关键期，研究结论显示：在二语习得中缺乏任何与年龄相关的断层，相信关键期的存在可能是由于观察证据时的归因错误，并指出相关性并不等于因果关系。此外，在习得语法的顺序上，成人与儿童也是一样的，可见儿童和成人的语言学习机制的本质是相同的。该研究结果否定了句法习得方面关键期的存在。同年，弗利奇等人（1999）对朝鲜的英语学习者进行了类似于约翰逊和纽伯特（1989）所使用程序的测试，结果显示：随着习得初始年龄的增长，语法判断测试成绩稳步下降。然而，在控制与习得年龄混淆的变量后，习得年龄对语法判断测试分数的影响变得不显著。这表明，关键期与语法无关。为了验证约翰逊和纽伯特经典实验的研究结论，伯德桑和莫里斯（Birdsong & Molis, 2001）复制了该实验，除了受试与约翰逊和纽伯特的研究不同之外，其他部分如实验材料、实验方法等完全相同，然而他们得到的结论却与原始结果大相径庭。在 32 名移民年龄较大的学习者中，在相同的语法判断测试中成绩的准确率有 13 名超过了 92%，而原始结果仅为 1/23。此外，3~15 岁的二语习得年龄与语法成绩并不相关。这使得伯德桑和莫里斯发现了推翻关键期假说的证据，否定了约翰逊和纽伯特的研究。他们推测这是由于一些非生物机制限制或促进了学习者的最终水平，而不仅是年龄因素。因此，约翰逊和纽伯特的研究并不能给关键期的存在提供强有力的证据，仅把年龄作为二语最终水平的决定因素是不恰当的。国内学者柴省三（2013）研究了英语、日语、西班牙语、法语等 16 种不同母语者学习二语——汉语的情况，结果显示这些不同母语的汉语二语者在汉语语音、语法等模块中二语者的习得速度不存在以青春期年龄为标志的临界转折点，这与关键期假说的观点相悖。

三、基于年龄效应的外语语法习得研究

（一）正理据

不得不承认的是，外语学习者在语言环境、师资情况以及学习目的等方面都与二语学习者有着明显的差异（崔艳嫣、刘振前，2010）。基于年龄效应的二语习得研究结论，是不能直接运用于外语学习的。朗（1990）通过实验发现15岁以后才开始学习外语的学习者，其词法和句法均无法取得与本族语者一样的水平。关薇（2011）认为，在关键期开始学习外语的儿童在语法精确度方面比成年后开始学习外语的人更能达到本族语者的水平。

（二）反理据

在埃利斯（1994）看来，外语语法的习得过程在很大程度上并不受学习初始年龄的影响。比亚雷斯托克（1997）研究了汉语母语者对英语句法的习得，发现初始年龄并没有起到显著作用，相反，学习时长的重要性得到了支撑。拉尔森－霍尔（Larson－Hall, 2008）调查了200名日本英语学习者，其中的早学者（3～12岁开始学习英语）接触英语的时间为1923小时，而晚学者（12～13岁及以后学习英语）接触英语的时间为1764小时。结果显示，这两个组群的学习者在形态—句法上的得分并没有显著差异。马里诺娃－托德（2003）通过全面审视支持和反对在形态句法领域的关键期研究，认为即使年轻的学习者普遍取得更大的成功，但形态句法就

是让后来的学习者可能达到接近母语水平的区域，即在形态句法方面，开始较晚的外语学习者也可以达到接近母语的水平。

对于外语学习在语法层面的年龄效应，国内更多的学者倾向于反对的观点。桂诗春（2005）认为除了语音外，语法、词汇和其他能力的增长受认知的影响，和年龄的增长成正比例。杨雄里（2001）在谈到年龄与外语学习的关系时，曾说过：人脑的可塑性年龄越小越强，年龄越大，学习外语时发生的词法、语法错误就越多，但绝对不能因此推论学外语越早越好。因为人学习的重要内容是学会逻辑思维，而一般人的逻辑思维形成是通过母语学习。因此，过早学习外语可能会对逻辑思维能力造成干扰。姚凤华（2011）认为成人的习得优势表现在业已完善的逻辑思维和较强的语言意识。心理和认知能力的成熟使得成人具有较强的分析、归纳问题的能力，因此可以较为容易地处理复杂的、深层的语言形式和内容。在实证研究方面，柴小莉（2010）选取了兰州大学大一两个平行班的同学作为研究对象，问卷调查结果表明，在2~6岁、7~10岁两个年龄段，受试的语法接受能力较差；11~14岁、15岁以后两个年龄段的学习者英语语法接受能力较强。

四、基于年龄效应的二语/外语语法习得研究解读

从上述讨论可知，缺乏足够有力的证据绝对否定或肯定二语习得以及外语学习的语法关键期的存在。究其原因，可能是不同学者对某些关键概念的界定不够一致（如习得年龄、关键期分期、语言水平等）；不同研究的受试选择标准和样本量不够统一，背景差异

较大；对研究中的潜在变量控制不够或被完全忽略；考察的目标语言、实验材料、使用的量具和调查方法等不尽相同。朗（2005）就曾经指出，由于每项研究中都存在受限条件或者设计上的缺陷，因此研究结果并不精确，降低了不同研究结论的可比性。例如，韦伯－福克斯和内维尔（1996）在进行二语句法研究时没有很好控制被试的语言水平因素，故而实验结果出现的差异性可能和习得年龄无关；同样的问题也存在于克茨等人（2008）的研究中，因为他们只考虑了高水平二语学习者的表现。

在本书作者看来，以往有关年龄效应的语言习得研究过于强调习得初始年龄和最终习得成就的线性关联，其结果是把复杂的语言习得过程简单化，却忽略了语言系统内外诸多因素的互动性。只有充分考虑了这些因素，在开展多视角、学科交叉的研究的基础上，通过对现有研究结果进行细致分析、筛查，才能更全面地解读二语习得（外语学习）过程，获得有关年龄效应更为可靠的结论。

纵观过去20年的研究，诸多学者跳出了简单的习得初始年龄和语言学习成就的相关性研究，转而从不同的理论和不同的视角来解读基于年龄的二语（外语）句法习得效应。比较有代表性的解读视角包括竞争模式说、趋向性假说、语言熟练程度和语言学习机制等。

麦克威尼（MacWhinney，1997）认为母语的（形态）句法系统通过加工策略的迁移来影响二语的句法加工。当两种语言的基本句法属性相似时，会产生正迁移，二语学习者可以受益于跨语言迁移；而当母语和二语的基本结构不相似时，会形成负迁移，即形成实时加工的竞争机制，二语加工会受到阻碍。这一竞争的结果不仅受到跨语言相似性的影响，而且受到语言线索强度的影响。二语加工取决于学习者被输入的二语知识的多寡和句法线索的可及性。接触二语越多，相关的二语线索强度越大。托科维茨和麦克威尼（Tokowicz & MacWhinney，2005）发现被试的语法敏感度取决于两种语言的句法相似度，证实了跨语言的相似度对于隐性的句法加工确有影响。

格林（Green，2003）提出的趋向性假说认为二语学习者的大脑机制是一个变化的、动态的、系统的过程，随着语言水平的提高，二语者的加工机制逐渐向母语者靠近。换言之，二语学习者的语言越不熟练，母语者和二语者的加工差异越显著。早期年龄因素研究似乎证实了成年二语习得中语言关键期的存在，然而，越来越多的研究表明二语的习得是一个发展的、动态的、不断向目标语靠近的过程，即使初始学习年龄较晚的二语学习者，在熟练掌握该语言后，他们在形态句法加工中产生的脑电成分与本族语者基本无异，习得的年龄不是制约二语最终水平的主导因素。

德凯泽（Dekeyser，2000）认为，人的大脑内存在两种学习机制，一种是内隐学习机制，另一种是外显学习机制。儿童通常采用前者，成年人则借助于后者，依赖课堂学习和老师讲解，逐渐失去了依靠隐性学习机制成功习得语言的能力。只有置于内隐学习环境中，成年二语学习者的大脑加工机制才可能与母语者相同。至于关键期之后成功习得二语的学习者，应该是其外显学习机制中具备了相当的语言学习能力，足以弥补内隐学习机制丧失带来的不足。

五、小结

基于二语（外语）语法习得年龄效应的相关研究成果，我们从正反理据解析了年龄因素对于语言语法习得的影响，发现越来越多的学者对传统关键期假说研究的观点提出了质疑，可以说仅把年龄作为决定二语（外语）最终成就的因素过于简单和片面。事实上，语言习得是一个复杂的过程，在研究中不仅要考虑影响二语习得的生理因素，还应考虑各种非生理因素。以往研究过于注重年龄和语言层面的线性关系，忽略了语言的动态系统复杂性；过于关注单方面因素，忽略了语言习得系统多因素的互动。未来，需要依托现代科学技术，设计更为严谨的研究来进一步证明某个语言系统或子系统（如本章中的语法）可在哪一特定阶段习得，可以何种理论或视角加以解读。这样，我们才可能将基于年龄效应的二语（外语）习得研究成果应用于教学实践，促进语言教学的科学性和实效性。

第五章 基于年龄因素的二语（外语）语义加工

在本章中，作者基于年龄因素，对二语（外语）语义加工的国内外相关研究进行了综述，结果发现，和其他语言层面（如语音、词汇、语法等）不同的是，几乎所有的研究结果都指向一个结论，即年龄因素和二语（外语）语义加工能力相关性较小，每个年龄段的学习者均能有效发展自己的二语（外语）语义加工能力。

一、研究背景

彭菲尔德和罗伯茨（1959）的大脑可塑性假说相信人类的语言能力与大脑发育密切相关，习得的最佳年龄应该在十岁以内；列尼伯格（1967）的关键期假说认为儿童从两岁至青春期（12岁）到来之前，对语言输入格外敏感，能够最轻松、最快捷地调动内部的生理机制，实现语言习得的自然发展。虽然这两个假说均基于母语（一语）习得，却很快被引入到二语习得之中，引发了一系列研究，且似乎得出了某些结论，比如，儿童在语音习得方面的巨大优势等（斯科威尔，1969；阿什和加西亚，1969）。由此，儿童学习外语"愈早愈好"的观点纷纷被提及，成了家长、教育部门、培训机构采取行动、制定政策和加以宣传的基础。

纵观以往有关年龄因素和二语习得（外语学习）的研究，关键期假说对语音的影响一直是一大热点，其次是词汇、语法层面的探究。相比之下，年龄对语义加工的影响研究较为匮乏，相关的综述更是少之又少。为此，作者在本章试图对现有的基于年龄因素的二语（外语）语义加工研究加以综述和解析。

二、以往研究的正反理据

从学理论证的角度，纽伯特等人（2001）相信语音、语法会随着年龄的增长表现出很强的变化，而词法和语义似乎和学习的年龄关系不大。基于传统的实证研究，莫里斯和格斯特曼（Morris & Gerstman，2010）发现年龄较大的两组受试（初中生和高中生）与四年级的受试相比，在语义测试方面占有明显的优势，这一结果支持了在语义学习方面年龄越大越好的观点。伯德桑（1999）认为二语习得的机遇窗口从出生可一直延续到27.5岁。学习者只要在窗口开启阶段开始习得二语就有可能获得接近本族语者的水平。可以说，机遇窗口观点的提出，基本否定了二语习得关键期假说把青春期作为分界线的核心论断。

在国内，何克抗（2002）提出的"语觉论"主张语义知觉（语觉）的发育成熟具有关键期，即"语音辨析"和"语义辨识"

这两方面的能力是天生的，通过遗传因素获得。这一关键期大致介于 2~12 岁之间，而其中最敏感的年龄段则在八岁以前。在本书作者看来，语觉论所指的语义辨识与语义加工存在层次和复杂度上的差异，并不是一个范畴内的同等或对等概念。对此，唐晓虹（2003）也进行了解释，认为在语言范畴内，儿童天生的、通过遗传因素获得的只是对语义感受与辨识的能力（即语觉能力），诸如词性识别和词组构成分析等方面的语义加工能力则需通过后天学习才能获得。毛伟宾、顾维忱（2008）认为语义加工不受脑成熟的影响，成人在语义、理解等语言知识的学习方面可能更具优势。曹燕黎（2009）同样相信诸如词汇、语义等语言层面应该不受关键期的影响，即便语言各子系统存在关键期，其时间段也有可能存在较大的差异性。这个观点呼应了塞利格（1978）的多重关键期假说，鉴于不同的语言层面习得难度不同、方式各异，很有可能不存在一个统一的关键期。更大的可能性是，语音、句法习得各有各的关键期，即语音关键期和句法关键期，有些语言层面存在关键期，有的则不存在关键期（如语义加工）。

基于以上文献，我们发现：和其他基于年龄因素的二语习得（外语学习）研究不同的是，几乎所有的研究结果都倾向于否认语义加工关键期在二语习得（外语学习）中的存在。个别似乎支持语义关键期的研究，更大的可能是忽视了某些潜在变量的介入和干预，从而产生了某种假象。

三、其他影响因素的介入与解读

早在 1981 年，麦克劳林等人已将研究重心延伸到语言习得关键期假说的成熟性限制，结果发现，除了发音，那些过了青春期的语言学习者在语言能力的其他方面依然发展得很好。早在大脑神经趋于成熟之前，发音功能已渗透到大脑的锥形神经细胞之中，即语音关键期是存在的，且基本可确定在六岁之前，而和句法、语义相关联的其他语言功能的脑神经细胞成熟的时间比锥形细胞要晚得多。在2001年，韦伯－福克斯和内维尔以中国英语学习者为研究对象，结果发现不同年龄的英语学习者在处理语义异常时表现出显著的不同。然而，该研究忽视了研究对象的语言水平以及他们对目标语的接触度，因此不足以证明语言习得的关键期假说。德凯泽（2013）的研究表明，如果考虑较高的记忆特性，在语义层面上学习外语的起始年龄越早越好；反之，如果有较高的言语分析能力特性，从形态句法学来看并不是越早越好。也就是说，学习者的记忆力可能会混淆二语学习的语言评价（拉米雷斯和波利策 Ramirez & Politzer, 1978）。尾岛等人（Ojima, 2011）对日本小学生语义加工的跟踪研究也表明，若不考虑习得时间，始学年龄越早的儿童英语水平测试成绩越高；但若在多元回归分析中对习得时间变量加以控制，年龄效应随即消失。另外，学习英语时间越长，二语水平越高，表明学习时间对儿童的语义加工影响很大。这一结论有力地反驳了（至少在词汇语义加工上）语言习得越早越好的观点，同时也证实了二语习得者语义加工和本族语者并不存在本质差异。

四、小结

二语习得（外语学习）的年龄因素在各个语言层面表现不同，

习得纯正的发音最好在六岁之前完成，而达到母语者的语义加工能力在青春期之后，甚至在机遇窗口关闭之前都是可能的。探讨和研究二语（外语）学习者的语言能力发展，不能只考虑单一的年龄因素或者其他的单一因素，而是要将各种因素综合考虑，方能更科学地认识二语（外语）习得的本质。为此，我们可以充分考虑语言学习的生物学维度、认知维度、心理维度、语言维度以及环境维度等，为学习者创设各种合理条件，有效促进他们各个语言层面能力的均衡发展。

第六章　学习初始年龄与英语语言能力的相关性：以辽宁省为例

在本章中，作者基于部分辽宁籍学习者的视角，实证探究了英语学习者的学习初始年龄和他们英语语言能力之间的相关性、初始年龄对于英语语言能力各个层面产生的效应以及我国学习者的最佳英语学习初始年龄。

一、英语语言能力的界定

初始年龄这个术语源自医学，是指某个个体患病症状第一次显现的岁数。用于语言学领域，学习初始年龄是指学习者第一次正式接触一门语言的岁数。语言能力是指"一个人使用语言以达到某种目的的熟练程度"（理查兹等 Richards et al., 2002）。同理，英语语言能力即指一个人用英语以达到某种目的的熟练程度。在学习因素中，与外语学习相关的年龄问题一直是语言教学理论中备受争议的一个议题。如果能够证明年龄大的学习者与年龄小的学习者有所不同，那么成人继续获得普遍语法的说法将受到质疑。如果能够证明年龄小的学习者比年龄大的学习者学得好，那么早期外语教育就要大力提倡。因此，基于语言学习初始年龄的讨论对于二语习得研究理论的建立、语言教学的组织、外语教育政策的制定、外语课程的设置以及"一条龙"的语言能力标准的制定都具有十分重要的指导和现实意义。

二、国内外相关研究综述

根据列尼伯格（1967）的关键期假说，儿童从2岁至青春期到来之前，左右脑半球都参与语言学习，对语言输入格外敏感，能够轻松而快捷地调动内部的生理机制，实现语言习得的自然发展。青春期到来之后，左右半脑的功能发生了侧化，导致处理语言输入的独特能力消退，语言学习的效率因而急速下降。围绕二语习得是否存在关键期这一议题，西方的很多学者开展了研究，得出了或支持或反对的观点。

就赞成派而言，大山（1976）、阿什和加西亚（1969）等人发现，6岁之前开始学习二语的孩子，一般不带外国腔；6岁到12~13岁之间开始学习的孩子出现了分化，有的有外国腔，有的则没有；而12~13岁之后才开始的学习者，一般都有外国腔。亚伯拉罕斯-逊和海伦斯坦（Abrahams-son & Hyltenstam, 2009）开展的一项有关195位西班牙语和瑞典语双语者的大规模研究发现，12岁之后才开始学习二语的受试之中，只有少数能够达到母语者的听力水平，而对于那些在12岁之前就学习二语的受试，他们中的大多数都能达到母语者的听力水平。帕特沃斯基（1990）的研究证实了15岁以下的学习者在句法层面能达到的二语能力比15岁以后才开始接触这门语言的学习者要高，年龄对二语学习的成功起到了举足轻重的作用。约翰逊和纽伯特（1989）通过语法判断能力测试，发现年龄成为受试能否胜出的一个决定性因素，即青春期前移民的受试的语法判断能力较强，且与到美国时的年龄呈负相关，而青春期后移民美国的受试的语法判断能力较差，且与年龄因素不相关。在整体语言能力方面，学习初始年龄早的二语学习者比初始年龄晚的学习者最终能达到更高的语言水平（如克拉申、帕特沃斯基等）。韦伯-福克斯（1999）采用行为主义和电生理学相结合的方法来检验年龄问题是否对学习二语会有限制作用，结果发现成人二语语言能力随学习初始年龄的增长而呈直线下降。德凯泽（2013）有关关键期对二语习得的强度效应研究发现学习初始年龄和学习者的外语语言能力之间存在线性关系。

　　就反对派而言，较晚习得二语但水平很高的双语者在加工二语时的脑激活模式与加工一语时脑激活模式并不存在差异（切伊等Chee et al., 1999），这说明即使习得年龄晚于关键期，只要提供足够的练习机会，受试的二语仍可达到近似母语的水平。伯德桑和莫里斯（2001）以12岁之后开始学习二语的双语者和目标语的母语者为受试，使用语法判断能力测试探究双语者的句法习得是否能达到目标语母语者一样的水平，结果表明在青春期之后开始学习二语的个体仍有可能在句法方面达到与目标语母语一样的水平。在他们看来，初始年龄对二语学习固然重要，但是青春期并不是二语学习成功的唯一临界点，在机遇窗口（27.5岁）闭合之前依然可能在语言的各个维度达到接近母语者的水平。

20世纪90年代以来，我国加快了基础教育改革的步伐，对外语课程也进行了数次大规模的改革。依据2001年教育部颁布的《关于积极推进小学开设英语课程的指导意见》，其基本目标是2001年秋季始，全国市、县小学逐步开设英语课程；从2002年秋季起，乡镇所在地小学逐步开设英语课程。小学开设英语课程的起始年级一般为三年级。针对该教育政策，国内众多学者进行了理论评述和实证研究，并得出了各自的结论。束定芳（2001）在综合分析了国内外的相关研究之后指出如果从12岁开始学习外语，学习者只要在良好的语言环境和科学的教学方法下，最终也能达到或接近母语者的语言能力。桂诗春（1985）则认为人们应该何时开始学外语，不宜仓促下结论，一定要考虑到语言环境对这个问题的影响。在杨连瑞（2004）看来，由于智力因素、社会生活和环境条件不同，个人在情感、认知和生理方面的发展不一样，将来即使找到了所谓的最佳学习初始年龄，恐怕也是因人而异的。

陆效用、赵飞和邹为诚等人采用问卷、访谈、测试等手段开展了相关的实证研究。陆效用等人（2007）的调查问卷结果表明，凡是研究生阶段英语成绩（口语、综合成绩）优秀的学生基本上都是从小学四、五年级开始学英语的，而那些从初一才开始学英语的学生，英语能力绝大多数都是中等或中等以下，优秀比例很小。黄怀飞（2008）有关英语作为第二语言的学习初始年龄与学习成绩的相关性研究表明：不同初始年龄的学习者的中长期英语成绩存在统计意义上的明显差异，尤其是在听力和语音能力方面。周淑莉（2011）通过分析师范类高校、专业类高校和综合类高校在读研究生不同初始年龄与其英语能力的数据，发现英语学习者的初始年龄对其英语语言能力产生了显著性差异。通过调查166名少数民族大学生英语学习初始年龄与大学英语四级考试成绩的相关性，马春兰（2012）发现早期接触有利于儿童的英语学习。与以上研究结论相左的是，阴小蓓（2011）通过分析某医科大学2009级七年制临床专业学生的大学英语四级考试卷面成绩，发现不同初始学习年龄的学生成绩并未呈现显著性差异，关键期假说不能作为语言教学"越早越好"的依据。赵飞等人（2008）利用学习者传记定性法，以中国当代42位著名外语教育专家的外语学习传记为样本，研究了初始年龄与外语学习的关联，其结果显示，早学者（5~13岁）和晚学者（14~22岁）均没有把外语学习的成功归结为生物关键期。

综合以往的国内外相关研究，我们得出一些结论。1. 绝大多数的国外研究探究的是二语学习者的学习初始年龄和能达到的二语能力，其研究结果是否适用于把英语作为外语的中国学习者，还没有定论。此类研究关注的是二语学习者能否达到母语者的语言能力，这种标准对把英语作为外语的中国学习者来说是否必要，值得商榷。2. 国内研究多数还停留在理论探讨和文献综述上，对于学习初始年龄和学习者英语语言能力相关性的实证研究比较缺乏，采用的方法较为单一，基本上都是完全的定量或定性研究。除了整体语言能力和语音、听力层面，学习初始年龄对语言能力其他层面的影响研究相比之下更为匮乏。此外，我们尚未发现基于学习者视角的此类研究，而他们的观点对于完善和丰富该领域的研究具有重要的现实意义。因此，有必要收集更为丰富多样的研究数据，采用更加科学严谨的研究方法，在基于外语学习的中国本土环境下深入探究学习者的学习初始年龄和英语语言能力之间的关联以及激发此类关联的诸多因素。

三、研究设计

(一) 研究对象

本研究采取随机取样法，选取了东北某高校辽宁籍的部分学习者作为研究对象。他们在完成了两年的"大学英语"课程学习之后，于大二下学期的六月参加了全国大学英语四级考试（College English Test Band4，CET-4，以下简称"四级"），八月底拿到了各自的成绩报告单。该成绩单一共报告4个成绩，分别为考试总分、听力成绩、阅读成绩和翻译写作成绩。

之所以把研究对象限定在某个省份，主要是基于以下两点考虑。一是来自同一省份的学习者在诸如教学硬件、英语师资等方面的外在因素较为趋同，可更好控制研究中的变量，获取更有说服力的研究结果；二是考虑到测定学习者英语语言能力的量具除了四级成绩之外，还包括英语高考成绩，而现在很多省份都是省内命题，导致跨省份的高考成绩很难做对比分析。

(二) 研究问题

本研究基于学习者视角，采用定量和定性相结合的混合法，对东北某高校辽宁籍的部分学习者进行了探究，旨在回答如下三个研究问题：

① 英语学习者的学习初始年龄和他们达到的英语语言能力存在何种相关；

② 学习初始年龄对于学习者英语语言能力的各个层面，产生了哪些效应；

③ 我国英语学习者最佳的学习初始年龄处于哪个区间。

（三）数据收集和分析

在大二学生拿到成绩单的九月初，研究者对随机选择的 172 名非英语专业学生进行了问卷调查。该自制问卷主要分为三大部分，一是个人信息，主要包括年龄、性别、专业等；二是英语学习初始年龄、学业成绩（英语高考成绩、四级总分和四级分项分等）、英语语言能力自我评估和对于自己第一位英语教师的评价等；三是一个开放式问题，调查学习者对于几岁为英语学习最佳初始年龄的主观看法。

本调查问卷一共发放了 172 份，回收了 172 份，回收率为 100%；经筛选后，其中的 165 份为合格问卷，有效率为 95.9%。所有量化数据输入计算机后，用社会科学统计软件 SPSS 加以分析处理；所有质化信息输入计算机后，通过初步分类处理后留作进一步的统计和解析。

四、研究结果与讨论

考虑到调查问卷自行设计的性质，我们首先利用 SPSS 对其信度进行了测试。结果表明该调查问卷的整体 Cronbach alpha 系数和

每个题项的 α 值均高于 0.8，满足辛格等人（Singh et al., 2004）设立的大于 0.5 且小于或等于 1.0 的标准。这说明问卷中的所有题项都具有令人满意的区分度，它们的信度已达标，可作为量具加以使用。

（一）英语学习者的学习初始年龄和他们达到的英语语言能力之间的相关性

依据调查问卷的信息反馈，这些学习者学习英语的初始年龄跨度为九年，从四岁到 13 岁不等，平均初始年龄为 8.9 岁。我们把研究对象按照年龄段分为五类，分别是 4~6 岁组（上小学之前）、7~8 岁组（小学 1~2 年级）、9 岁组（小学三年级，也就是教育部规定的英语开课年级）、10~11 岁（小学 4~5 年级）和 12~13 岁组（小学六年级和初中一年级，为关键期的上限年龄），统计处于这些年龄区间学习者的英语高考成绩均分和四级总分均分（见表 6.1）。结果显示，除了 12~13 岁区间，其他年龄段学习者的英语高考成绩均分和四级总分均分随年龄的增长而呈下降之势。利用 SPSS 软件对数据加以进一步分析，我们发现学习者的学习初始年龄和他们的英语高考成绩和四级总分呈负相关，也就是说在调查的年龄区间里（4~13 岁），学习者的学习初始年龄较早，其达到的英语语言能力较高。但是，学习初始年龄和英语高考成绩的负相关（双尾检验，$p = -0.136$）在统计学上没有显著性，而英语学习初始年龄和四级成绩总分的负相关在统计学上具有显著性（双尾检验，$p = -0.198$，在 0.05 水平上显著），值得进一步分析和探讨。

第六章 学习初始年龄与英语语言能力的相关性：以辽宁省为例

表6.1 基于年龄段的学习者英语高考和四级总分分布

年龄段	英语高考均分	四级总分均分
4~6岁	130.5	525.3
7~8岁	130.2	513.3
9岁	129.7	506
10~11岁	126.6	481.7
12~13岁	127.2	496.8

（注：辽宁英语高考满分为150分，四级满分为710分）

（二）学习初始年龄对于学习者英语语言能力各个层面的效应分析

通过统计基于年龄段的受试四级听力均分、四级阅读均分和四级翻译写作均分（见表6.2），我们发现：除了12~13岁区间，其他年龄段学习者的四级听力均分随年龄的增长而呈下降之势。借助SPSS软件，我们还发现：在听力层面，学习初始年龄和四级听力成绩在0.05水平上显著负相关（双尾验证，$p = -0.179$），而在阅读、翻译写作层面，学习初始年龄与它们虽然呈负相关（p值分别为-0.057，-0.102），但在统计学上都没有显著意义。这在一定程度上说明了学习初始年龄越早，学习者的听力能力越高。相比之下，四级阅读均分和四级翻译写作均分的变化没有什么规律性，这说明学习者的阅读、翻译写作能力和学习初始年龄没有明晰的线性关系。

表6.2 基于年龄段的学习者四级分项成绩均分分布

年龄段	四级听力均分	四级阅读均分	四级翻译写作均分
4~6岁	174.8	193.5	156.4
7~8岁	168.7	181.6	164.2
9岁	165.5	185.5	153.8
10~11岁	151.3	179.9	152.7
12~13岁	154	187	155.2

鉴于现行的四级口语考试为自主自愿报名，部分英语学习者并未报名参加四级口语考试，本研究对学习者的语音和口语能力采取了自评的方式，通过利克特五级量表（Likert scale）统计量化数字，其题项分别为：您认为自己现在的英语发音如何？（A. 标准 B. 良好 C. 一般 D. 不太好 E. 差）；您认为自己现在的英语口语能力怎么样？（A. 流利 B. 熟练 C. 一般 D. 不好 E. 差）。A，B，C，D，E选项分别对应5，4，3，2，1分值。通过统计分析，我们发现学习初始年龄和学习者的语音能力、学习初始年龄和学习者的口语能力在0.01水平显著负相关（双尾验证，p值均为 -0.251），这说明学习初始年龄对学习者所能达到的语音能力和口语能力确实产生了一定的影响，也就是说，年纪小开始学习英语的学习者，在英语语音地道性和口语能力发展方面具有一定的优势。

然而，值得一提的是，学习者在较小年龄学习外语的语音和口语优势，一定要建立在良好的师资基础之上，否则会适得其反。通过分析受试对自己第一位英语教师的语音和口语能力的评价以及对自己英语语音和口语能力的评估，我们发现：老师的语音和口语能力直接影响了学习者的英语语音能力和口语能力，它们之间呈现显著正相关（双尾检验，p 值分别为 0.290，0.258，在 0.01 水平上显著）。这说明，良好的英语师资，对于学习者的语言能力，尤其是语音和口语能力，发挥了积极而长期的影响效应。而这，可能也是当前我们英语教学面临的一大难题，即师资力量的分布不均、质量的良莠不齐。在本研究中，针对自己第一位英语老师的总体评价，受试给出的均分为 3.497 分（满分为 5 分），低于百分制的 70 分；对第一位英语老师语音水平的评价，他们给出的均分更低（3.436 分，满分为 5 分），折成百分制后为 68.7 分，可见学习者对于自己当年的第一位英语老师，总体上是不太满意的。这印证了潘谊清（2005）的观点，他认为基于地域辽阔、各地发展极不平衡的我国国情，不可凭着"学习外语越早越好"的所谓理论不顾具体条件一哄而起开设英语课程，这样不仅造成人力和物力浪费，而且会贻害后代。

本研究中，无论是正相关还是负相关，其 p 值基本上介于 0.1 和 0.3 之间以及 -0.3 和 -0.1 之间，这在一定程度上验证了本书作者基于文献综述和文理论证得出的观点，即学习初始年龄只是决定语言习得成功与否的因素之一，绝不能因为低龄儿童在习得外语语音方面的相对优势就简单地把学习差异归结为生物性的年龄差异。

（三）基于学习者视角的最佳学习初始年龄区间

基于调查问卷的开放式问题，我们发现受试心中最理想的五个学习初始年龄依次为 5 岁、3 岁、7 岁、10 岁和 13 岁，分别对应幼儿园的中班、小班、小学一年级、小学四年级和初中一年级；最佳学习初始年龄区间为4~6岁（学龄前，占30%）、7~9岁（小学一到三年级，占18.7%）、0~3岁（占16.5%）、13岁及以上（初中一年级以后，占16.2%）和10~12岁（小学四到六年级，占15.6%）。

选择在上小学之前就开始学英语的比例接近47%，看来学习者对于语言学习年纪小占优势之说较为认可。义务制教育开始之前学习英语的优势可归纳为：1. 早点培养兴趣，打好扎实的语言基础；2. 把英语当作母语来学习，汉语、英语同步学习，熟练掌握双语，从而消除后顾之忧和未来的学习压力；3. 接受能力强，对学习的东西掌握快，记得牢；4. 有利于培养正确的发音方式，语音更标准，口语表达更地道，更好地培养英语语感。可以看出，学习者相信这个阶段是学习外语的黄金期和关键期，是培养语言习惯和学习兴趣的最佳区间。学英语要从娃娃抓起，在良好语言氛围的熏陶和轻松心态的引领下，学习者具有极强的可塑性，学习效率极高，从而真正赢在起跑线上。

选择在小学一到三年级开始学英语的人群占到近20%，他们认为在此区间接受的是学校的正规语言教育，和同学们一起学习外语更有动力，学习效率更高；母语的发音、基础已经基本掌握，故而两种语言并行互不影响。这个阶段的学习者学习负担较轻，对于新接触的英语具有强烈的兴趣，可为自己的语音、听力和口语打下坚实的基础，培养良好的语言学习习惯和语感，有利于将来的深入学习。

超过15%的研究对象认为小学四到六年级开始学英语效果最佳。在他们看来，这个年龄段的学习者已经建立起自己的认知观，具有一定的认知智能和区分意识,能够理解性地学习。因为对英语有一个更好的认识,学习者有更为明确的目标,能够自觉、主动地学习。此外,母语基本成型,英语学习对汉语和中国传统文化的学习影响较小。这印证了托德等人(Todd et al., 2008)的告诫——小学的二语教学不应影响其他课程的正常进行,比如学生母语的读写能力等。拉尔森-弗里曼和朗(1991)对加拿大儿童早期和晚期的浸入式外语教学进行了评估,其结果也契合了这个学习群体的论点,即从9~10岁起学习外语效果更好,其优势是孩子有时间把母语基础打扎实,而扎实的母语基础反过来又有利于外语习得和整体学习成绩的提高。可以看出,这部分人群认为年龄太小学习外语,容易与母语交叉混淆,不利于英语和汉语的学习。小学四到六年级开始学习英语,无论是认知能力,还是母语因素,抑或学习动机,都可以起到积极的促进作用。

有些出乎意外的是,超过16%的受试希望上初中之后再开始学英语,他们的理由可归纳为:童年不应该有太多的学习压力,小学阶段就开始学习英语,老师往往不用心教授,学生没有学到东西反倒浪费时间,加重学习负担,消耗精力。正如一位初中才开始学英语的研究对象所言:"小学生学习英语,起步时学习不系统,逻辑思维方式没有转变为对知识系统性的接受,较早学习英语搞得头脑中一团糟,尤其像英语这样需要长期积累的学科。"另外一位学习者则认为"小学的英语教学没有意义。初中整合了一遍,才明白小学学英语是在浪费时间,因为啥都没学明白"。学得太早,学习热情会逐渐降低,依赖背诵的学习法损耗了外语学习的兴趣。初中生能比较独立地思考问题,接受能力较强,掌握了良好的学习方法,使得语言学习事半功倍。此外，他们已能"理解和认识英语是一门语言，是一个交流工具，而不仅仅是一门学科，从而养成学习与应用相结合的习惯"。

在这 165 名受试之中，我们发现五名学习者（约占总数的 3%）似乎觉得英语学习的初始年龄和能达到的语言能力之间并没有什么必然的联系。他们觉得，几岁开始学习英语并不重要，重要的是语言环境以及不受其他学科影响的专心学习。年龄不是重点，兴趣才是重点。现在小学普遍开设英语课程，但由于教学方式单一，使语言课逐渐变成如同数理化一样的学科，更多的小学生只把它当作一门考试科目，并没有产生对英语学习的兴趣，反而会激发厌学心态，这样过早将语言学习变成一种考试，甚是可悲。这些观点似乎验证了束定芳（2001）的结论："从小学低年级就开设外语课，其实违反了外语教育的基本规律。"

综合受试的观点，我国学习者最佳的英语学习初始年龄大致可定在两个区间。一是九年制义务教育之前的 4~6 岁，鉴于该阶段学习者在语音和口语层面的显著优势，可把学习重点放在英语语音的标准化和英语日常口语的操练上，以培养兴趣的随意学习为主；二是 9~13 岁（即小学三年级到初中一年级），在充分考虑各类因素（生理、认知、情感、环境、母语、文化等）的基础上，对条件较为成熟（主要是指教学硬件和师资质量）的地区从小学三年级开始英语教学，而对于条件相对滞后的地区可依实际情况推迟到小学四、五、六年级甚至初中一年级。

五、小结

学习初始年龄不仅是二语习得研究中的理论问题，也是涉及语言规划、教育改革、国民素质教育等方面的一个现实问题。只有充分吸纳二语习得、认知语言学、心理语言学、教育语言学、混合研究方法等研究领域的最新成果，不仅关注关键期假说在一语、二语、外语环境下是否适用的理论探讨，更关注它对学习者整体英语语言能力和各个语言能力层面的影响，才能得出令人信服的研究结果。在当前国人对"英语过热""英语学习投入过早过多"等现象越来越质疑，在我国当前小学外语师资和教育经费相对紧缺的背景之下，从什么时候开始英语教学一定要将必要性和可行性结合起来，才能取得较为理想的效果。

第七章 学习初始年龄与学习者外语能力研究：基于全国和区域视角

在本章中，作者基于全国范围和区域视角，从输入的数量和强度解读了中国英语学习者的学习初始年龄与他们达到的外语语言能力之间存在的相关性，从输入的质量解析了作为首要输入源的中小学英语教师的总体能力及语音能力对中国英语学习者外语语音能力的影响。

一、研究背景

作为语言学习中的一个焦点问题，国内外众多学者对年龄因素做了大量的研究，其中影响最大的莫过于关键期假说。彭菲尔德和罗伯茨1959年根据失语症的研究结果提出的大脑可塑性假说为儿童习得语言比成人更有优势的观点提供了支持。在他们看来，九岁是一个分水岭，此后人的大脑在语言习得上会变得越来越僵硬和迟钝。列尼伯格1967年提出的关键期假说把儿童习得语言的优势归因于生理因素，认为最佳的语言学习年龄介于两岁至青春发育期之前，而在青春期之后由于大脑功能的侧化，语言能力的发展将大受影响。

关键期假说发端于一语习得研究，得到了很多学者（如乔姆斯基、纽伯特）的肯定。在此基础上，不少学者又推出了二语习得关键期理论。列尼伯格（1967）指出，在青春期之后由于"语言学习所需组块"的快速增长，"二语学习需要付出更多有意识的努力"，且"二语口音不容易克服"。大脑的成熟导致其可塑性下降，而失去弹性的神经结构则阻碍了二语的学习（斯科威尔，1988）。

诚然，儿童在母语习得方面具有不可比拟的优势，但是一语习得关键期的可能存在并不意味着二语/外语习得也有一个类似的时期。这种类推可能导致人们对于学习初始年龄的过分关注，并片面地认为二语（外语）能力的高低主要就是年龄因素使然。事实上，年龄和二语（外语）学习成功之间的关联一直未有定论，而诸如语言输入的质和量、接触二语的特定条件等潜在因素，似乎被我们忽视了。

二、年龄与二语（外语）语言能力相关性的国内外研究

年龄一直被认为是决定二语（外语）学习的一个重要甚至首要的因素。尽管大多数学者相信早期学习的儿童、晚期学习的儿童和成年人在外语语言能力上有所不同，但对于这些差异是否源于先天或后天因素，则持有不同的观点。

彭菲尔德和罗伯茨（1959）相信"由于生理限制，十岁之后的

语言学习将变得更加困难",普尔弗姆蒂勒和舒曼(Pulvermtiller & Schumann,1994)宣称在青春期之前髓鞘的形成将持续削弱大脑语言区的可塑性,导致这种可塑性在青春期之后保持在一个低位。克拉申(1975)指出,二语的最终能力随着开始学习的年龄大小逐渐呈现负相关,约翰逊和纽伯特(1989)发现学习者在青春期(界定为15岁)之前学习语言,其能力发展与初始年龄呈强负相关,而德凯泽等人(2010)基于实证研究宣称在关键期之前和之后接触二语的学习者的表现存在明显的不连续性,即发生了突变。

在列尼伯格(1967)看来,关键期引发的生理局限影响了语言的整体能力,而很多学者(如阿什和加西亚;大山;巴赫瑞克 Bahrick 等)只承认语音层面的相关性。斯科威尔(1988)宣称只有这个语言领域因其"神经肌肉组织的基础"具有年龄效应,词汇和句法的习得并不具备这种"物理现实"。迪勒(Diller,1981)认为与语音习得相关的椎体细胞在六或八岁之前发育完全,在此之前才能习得正宗的二语口音,而朗(1990)相信12岁之后再开始学习语言将无法达到本族语者的语音能力。国内学者桂诗春(2005)认为较早开始学习外语对学习者的发音有益,而孟娟(2010)基于实证研究发现年龄因素对中国欠发达地区学生的英语语音技能有着显著的影响。

许多语言学家认为二语的关键期假说不够全面。斯特恩(1983)认为不存在关键的年龄或阶段,而是不同年龄段的外语学习者具有各自特色、优势和不足。邦格茨(1999)认为在正规教育机构里,只要学习者在18岁之前接触本族语者的语言输入,都能达到与他们相似的水平。怀特和吉恩斯(White & Genesee,1996)

认为年龄因素不会对语法和语音的学习造成影响,伯德桑(2006)也认为,许多成年二外学习者在语法上的表现并不比早期儿童学习者差。其他学者(如比亚雷斯托克和哈库塔;弗利奇;哈库塔;伯德桑)宣称随着年龄增加语言能力平稳下降的趋势(线性关系)一直延续到成年期,但并没有发现在青春期左右学习者的学习潜能有明显的突变。在国内,戴炜栋等人(1994)指出起始年龄几乎对习得过程没有影响,任何年龄开始学习一门外语都能学好,束定芳(2001)认为二语学习者发音的精准度并没有因为年龄效应而出现一个明显的下滑,而何清顺(2002)则相信"从生物学的角度来看,人们并无充分的证据来证明青春期与对语言学习起关键作用的大脑的变化有关;并且在实际生活中很多成年人确实在外语学习中达到了很高的水平"。

可以说,"习得语言的年龄越小,语言习得越容易"的观点并非完全正确,充其量只是部分正确(埃利斯,1994)。依据列尼伯格(1967)对失语症儿童和非先天性失聪儿童的研究,只要在特定年龄之前接受一定程度的语言输入,聋人父母所生的听觉正常的孩子并不会出现语言发展的延迟或欠缺。早于关键期年龄的语言习得仅仅通过语言输入(无须教授)即可完成,语言技能的习得极为简单,且有可能达到本族语者的水平。奥斯特豪特等人(2006)认为所谓的年龄对于习得的效应或许就是学习者在不同年龄接触二语量的不同而产生的差异。此类研究结果似乎给我们某种暗示,即相比较初始年龄,语言输入可能是影响二语(外语)学习效应更为关键和本质的因素。

基于国内外年龄与二语(外语)语言能力的相关性研究,我们发现：与以移民到国外的二语学习者为对象的大量研究相反，针对教学环境中年龄对外语学习效应的研究较为缺乏；国内部分学者把一语、二语环境中的关键期研究结果直接用于完全不同的外语情形之下，其科学性值得商榷。鉴于外语学习者在语言环境、师资状况等方面与二语学习者存在的明显差异（崔艳嫣、刘振前，2010），自然习得环境下早期语言学习者的优势是否适用于外语教学语境，外语环境中从几岁开始学习更为合适，均需进一步的探究和论证。何时开始学习外语、如何开展外语教学是政府部门、教育机构和相关领域的争论根基，其结论具有重要的现实意义，可能影响到教育政策的决策和实施。

三、基于初始年龄与外语能力相关性的问卷设计和实施

本研究基于全国范围和区域视角，首先从输入的数量和强度来解读中国英语学习者的学习初始年龄与他们达到的外语能力之间的相关性，然后从输入的质量来解析作为首要输入源的中小学英语教师的总体能力及语音能力对中国英语学习者外语语音能力的影响。

本研究为一项基于自制调查问卷的实证研究。研究者在东北某高校对随机选择的一千多名完成全国大学英语四级考试并刚拿到成绩单的非英语专业大二学生进行了一次问卷调查，该量具分为两部分，一是个人信息，主要包括年龄、性别、专业等；二是英语学习初始年龄、外语能力测试成绩、语言输入时长、对于自己第一位英语教师的评价和外语能力自我评估等。本次调查问卷一共发放了1043份，回收1043份，回收率为100%；经筛选后，其中的996份

<<< 第七章 学习初始年龄与学习者外语能力研究：基于全国和区域视角

为合格问卷，有效率为95.5%。研究者把所有量化数据手工输入到计算机，然后用社会科学统计软件SPSS加以处理，留作进一步的解析和讨论。

这996名学生来自全国八大经济区的不同省份，其中东北综合经济区194人，北部沿海综合经济区130人，东部沿海综合经济区124人，南部沿海经济区122人，黄河中游综合经济区154人，长江中游综合经济区123人，大西南综合经济区89人，大西北综合经济区60人。他们在完成了"大学英语"1~4级课程学习之后，于大二下学期的六月第一次参加了国内目前最具权威性的全国大学英语四级考试，同年八月底拿到了各自的成绩报告单。

四、从语言输入视角解析学习初始年龄与外语能力的相关性

考虑到调查问卷自行设计的性质，我们首先利用SPSS对其信度进行了测试，结果表明该调查问卷的整体Cronbach alpha系数为0.854，而每个题项的α值介于0.816和0.839，均达到了辛格等人（2004）设立的大于0.5且小于或等于1.0的标准。这说明问卷中的所有题项都具有令人满意的区分度，该调查问卷的信度达标，可作为量具加以使用。

（一）学习初始年龄与中国英语学习者外语总体能力的相关性

这996名学习者，最早3岁开始接触英语，最晚14岁才开始学习英语，学习初始年龄平均为9.63岁。就八大经济区而言，学习初始年龄均值从8.92岁（东北综合经济区）到10.51岁（大西南

综合经济区)不等,基本介于小学3~4年级。基于英语学习初始年龄和四级总分的分析,我们发现不同年龄组学习者达到的外语总体能力如表7.1所示:

表7.1 不同年龄组学习者的四级总分均值

组别	人数	四级总分均值
13岁及以上组	194	500.2
11~12岁组	145	497.9
9~10岁组	366	502.5
7~8岁组	158	511.1
6岁及以下组	133	526.3

可以看出,9~10岁组、11~12岁组和13岁及以上组的外语总体能力差别很小,分别为502.5分、497.9分和500.2分。它们和7~8岁组(平均511.1分)、6岁及以下组(平均526.3分)的差距较大,这似乎证实了学习初始年龄和外语语言能力之间的相关性,但问题是相比较其他组别,得分最高的6岁及以下组学习者的外语学习时长、语言输入也相应增加了。事实上,依据调查问卷语言输入的数据统计,我们计算出3~14岁开始接触英语的中国学习者语言输入量分别为2278、2245、2179、2131、2083、2035、1891、1747、1603、1459、1267和1076小时,其中最大量为最小量的2.1倍。因此,简单对比一个从6岁及以下开始学英语的学习者和一个从13岁及以上才开始学英语的学习者的语言能力,却忽略他们在学习时长和语言输入质与量的差异,既不公平,也不科学。

这996名学生的学习初始年龄和他们的外语总体能力之间呈负相关,在统计学上具有显著意义(双尾检验,$p = -0.114$,在

0.05水平上显著）。尽管这个相关性在统计学上显著，但数值偏低，其效应并不是很强，只能说明年龄是影响外语语言能力的诸多因素之一。具体到八个区域的同类分析之中，我们发现只有东北综合经济区和黄河中游综合经济区的相关性具有统计学上的显著意义（p 值分别为 -0.183 和 -0.325，在 0.05 水平上显著），而其他六个区域呈弱正相关或弱负相关，并没有多少规律性可言。相比之下，语言输入和英语语言能力的相关系数无论是在全国范围还是八大区域都呈现出较为统一的线性关系，相关系数从 0.118 到 0.451 不等，均为正相关，但都没有超过 0.500，其中在全国层面、东北综合经济区、东部沿海综合经济区、南部沿海经济区、黄河中游综合经济区和大西南综合经济区的相关性具有统计学上的显著意义（见表7.2）。

表7.2 初始年龄、语言输入与英语语言能力的相关性

范围	初始年龄 & 英语语言能力	语言输入 & 英语语言能力
全国	-0.114*	0.308*
东北综合经济区	-0.183*	0.403*
北部沿海综合经济区	0.007	0.125
东部沿海综合经济区	0.152	0.355*
南部沿海经济区	-0.006	0.289
黄河中游综合经济区	-0.325*	0.451*
长江中游综合经济区	-0.054	0.118
大西南综合经济区	-0.166	0.312*
大西北综合经济区	-0.147	0.257

注：*. 在0.05水平显著相关（双尾检验）

本研究得到的结果表明，语言输入对学习者外语能力发展的解释力要强于初始年龄。穆尼奥斯（2006）基于实证研究发现，累积的语言接触，特别是来自本族语者的输入量，是比初始年龄重要得多的决定因素。如果想达到语言的初级熟练水平，二语的接触量至少需要一万个小时（克拉克 Clark，2003），而我们的调查数据显示，3~14岁开始接触英语的中国学习者的语言输入量平均仅为2278~1076小时，可以说早期外语学习者由于缺乏一语习得阶段随意学习机制所需的大量输入，很难凭借初始年龄的优势而大获其益。拉尔森-霍尔（2008）测试了200名外语输入平均时长1923小时（早期学习者）和1764小时（晚期学习者）的日本大学生，结果发现只有语言输入介于1600~2000小时之间，早期学习者才拥有一定但不恒稳的优势，一旦输入量超过了这个区间，这种优势就不复存在。埃德伦博斯（Edelenbos，1990）发现从小学开始学英语的学习者，其优势到了初中前三个月还较为明显，而过了八个月后就不太显著，而吉诺洛特（Genelot，1996）的研究则表明，早期学习者的优势效应基本两年后就消失殆尽了。从小学开始和从初中开始学外语的学习者在语言能力上并不存在显著的差异，换句话说，经过在同一班级一定共同的外语教学之后，早期学习者在学龄前或小学低年级积攒的所谓优势将逐渐磨蚀。

鉴于外语环境下单位时长里有限的输入量，年龄并不能带来自然语言习得情境中的长期效应（穆尼奥斯，2008）。如果最终的语言输入相当，初始年龄并非预测学习者语言能力的重要指标。卡尔贝勒（Kalberer，2007）、迈尔斯和米切尔（Myles & Mitchell，2012）和昂斯沃思等人（Unsworth et al.，2012）的研究均证实，

<<< 第七章 学习初始年龄与学习者外语能力研究：基于全国和区域视角

晚期学习者在经过和早期学习者相同的教学时长后，学习的速度更快，效率更高。始于20世纪90年代中期的"巴塞罗那年龄因素项目"（Barcelona Age Factor，简称BAF），其研究背景是当时在西班牙学校开设外语的初始年龄从11岁调整到八岁，由此学习时长超过了九年。该项目对比分析了四个学习组（初始年龄分别为8、11、14和18岁及以上）近2000人经过相同教学时长的近期、中期和长期（分别为200、416、726课时）三个阶段的学习效果，结果发现，学习者的外语能力与初始年龄没有相关性，却与输入的几个测量指标（学校教学时长、近来课堂内外学习小时数和当前与目标语的接触等）存在显著相关。在穆尼奥斯（2006）看来，造成这种结果的一大原因是在输入有限的环境中，早期学习者并没有足够的机会去接触目标语，无法有效利用随意学习的所谓优势。

（二）英语教师总体能力及语音能力对中国英语学习者外语语音能力的影响效应

虽然关键期假说饱受争议，且初始年龄总体上不影响外语学习的进程，但它对语言能力的某些方面（尤其是语音）有着重要的影响。英语教师作为外语学习者的首要输入源，其语言质量对学生外语能力的发展至关重要，儿童的语音优势往往就表现在模仿教师言语模式的特性上。鉴于此，本调查问卷收集了受试对自己第一位英语老师的总体能力及语音能力评价和他们对自己外语语音能力评价的数据，结果发现：在九年制义务教育阶段，开始教授英语的时间越晚，学生对外语老师的总体能力和语音能力评价越高，9~10岁组（小学三、四年级，教育部规定的外语开课年龄段）、11~12岁组（小学五、六年级）和13岁及以上组（初中一年级及以上）的均值分别为3.31/3.32，3.53/3.36和3.80/3.62。7~8岁组的均值为3.78/3.60，高于9~10岁组和11~12岁组，其原因可能有两个。一是此组别的部分学习者就读的是师资雄厚的重点小学，它们从小学一年级就开始教授英语；二是此组别的部分学生通常选择在校外的社会办学机构学习英语，这些机构出于商业目的，往往聘请了较为优秀的中教或外教。至于六岁及以下组的学习者，通常是在幼儿园或社会机构开始学习英语，由于师资和教学质量参差不齐，导致学生对教师的总体能力和语音能力评价差别较大。

表7.3 受试对英语老师总体能力、语音能力的评价和外语语音能力自我评价（基于年龄组别）

组别	对第一位英语老师总体能力评价均值	对第一位英语老师语音能力评价均值	受试外语语音能力自我评价均值
≥13岁组	3.80	3.62	2.87
11~12岁组	3.53	3.36	2.64
9~10岁组	3.31	3.32	2.86
7~8岁组	3.78	3.60	3.33
≤6岁组	3.39	3.21	3.33

从全国范围来看，这些学生对自己第一位英语老师的总体能力评价均值为3.48分。在八大经济区中，评价均值最高的为南部沿海经济区，为4.14分，评价均值最低的为大西北综合经济区，为2.80分，其他六个经济区的均值差距不大，处于3.2~3.6分之间。从全国范围来看，学生对自己第一位英语老师语音能力的评价均值为3.40分。在八大经济区中，评价均值最高的为南部沿海经济区，为3.91分，评价均值最低的为大西北综合经济区，为2.90分，其

他六个经济区的均值差距不大，处于 3.2~3.6 分之间。可以看出，在全国范围和八个经济区层面，学生对于自己第一位英语老师的总体能力和语音能力评价普遍偏低，唯一的例外是南部沿海经济区。相比较学生对于自己第一位英语老师的总体能力和语音能力评价，他们对于自己的语音能力似乎更加不满意。在全国范围内，这些学生对自己的语音能力评价均值没有达到及格线，为 2.93 分，均分超过 3 分（3.42、3.41 分）的两个区域为东部沿海综合经济区和南部沿海经济区，其他六个区域的均分为 2.60~2.93 分，最低的两个区域分别为 2.67 分的大西南综合经济区和 2.60 分的大西北综合经济区。这在一定程度上反映了我国中小学英语教学的困境，外语师资质量亟待提高。

表 7.4　受试对英语老师总体能力、语音能力的评价和外语语音能力自我评价（全国和区域视角）

范围	对第一位英语老师总体能力评价均值	对第一位英语老师语音能力评价均值	受试外语语音能力自我评价均值
全国	3.48	3.40	2.93
东北综合经济区	3.52	3.44	2.92
北部沿海综合经济区	3.58	3.44	2.93
东部沿海综合经济区	3.58	3.58	3.42
南部沿海经济区	4.14	3.91	3.41
黄河中游综合经济区	3.35	3.28	2.87
长江中游综合经济区	3.25	3.21	2.90
大西南综合经济区	3.46	3.33	2.67
大西北综合经济区	2.80	2.90	2.60

在全国范围内，第一位英语老师的语音能力与学生语音能力之间具有统计学上的显著意义（双尾检验，在0.01水平上显著），且呈中等正相关（$p=0.339$），具体到各个区域，除了东部沿海综合经济区呈弱正相关（$p=0.207$，不显著）之外，其他区域均具有显著的统计意义，p值分别为0.245、0.296、0.312、0.337、0.490、0.552和0.644。可以说，第一位英语教师的语音能力对于学习者的英语语音能力影响巨大，语言输入源的重要性由此可见一斑。

表7.5 英语老师语音能力与受试语音能力的相关系数（全国和区域视角）

范围	英语老师语音能力 vs 受试语音能力
全国	0.339**
东北综合经济区	0.337**
北部沿海综合经济区	0.245*
东部沿海综合经济区	0.207
南部沿海经济区	0.490*
黄河中游综合经济区	0.312*
长江中游综合经济区	0.296*
大西南综合经济区	0.552**
大西北综合经济区	0.644*

注：*. 在0.05水平显著相关（双尾检验）；**. 在0.01水平显著相关（双尾检验）。

王初明（2002）认为语音和关键期之间存在一定关系，儿童在学习外语上具有语音上的优势。学习者若能较早开始接触外语，并有充分的机会使用这些语言，他们的发音器官会自然配合外语的发音系统调整形状，进而发出各种声音，也就更可能习得像母语那样地道的口语（斯温和拉普金 Swain & Lapkin，1989）。然而，这种优势必须以大量高质的输入作为保障。在真正的浸入式语境中，接触语言的时间越长，随意习得所需的语言输入越丰富，学习者的舒适度就越高，不管是晚期学习者还是早期学习者都能获得类似的成功。相比之下，以现有师资所提供的每周数小时的外语输入，无论是质量还是数量都存在很大的局限性，导致早期外语学习者不可能像一语、二语学习者那样从浸入式的随意学习中获益，而晚期学习者在条件成熟、环境适合的情况下却能很快赶超早期学习者。周翎（2007）的研究发现，青春期之前和之后开始学习英语的中国学生在习得英语生词重音模式方面没有显著差异，可能就是因为学习者未处于外语环境之中，接触外语的机会极为有限。相比较初始年龄，语言输入的质量和数量对学习者语言能力的发展更具解释力。

五、小结

对于学外语"越早越好"的现象，我们必须设定现实的期待值，重点探讨外语学习开始年龄对于外语学习的影响（崔刚，2011）。与其说是年龄因素，还不如说是语言输入因素，对中国英语学习者的外语能力发挥了重要作用。因此，问题的焦点不是确定从几岁开始外语教学，而是如何把我国的语言教学与学习者的年龄相适应，设计适合不同学习者语言输入加工模式的教学活动和任务；要淡化年龄因素和外语语言能力的关联，在确保优质师资的基础之上有效提升学习者语言输入的质量、数量和强度。

第八章 基于当代认知神经科学的年龄与语言能力研究

在本章中,作者基于事件相关电位技术(event related potential,以下简称 ERP)和功能磁共振成像技术(functional magnetic resonance imaging,以下简称 fMRI)的国内外相关研究,从正反理据综述了语言能力发展不同层面的年龄效应。就已有的研究来看,二语习得的关键期假说还没有得到充分的支持,没有绝对权威的研究结果证实早晚期学习者在使用二语时产生的脑电活动或激活的大脑区域相同或相异。二语习得的初始年龄可能在一定程度上影响着语言能力的发展,但对学习者二语最终成就的解释力较为有限。从语言能力高低、学习时长、二语输入量、语言迁移和语言环境等因素来探究学习者的二语(外语)能力发展,或许是更为全面、更为合理的诠释视角。

一、ERP 和 fMRI 技术用于二语习得研究的机制原理

有关学习年龄和二语（外语）能力的关联，一直未有定论，无论是从理论层面，还是从研究方法层面，都受到了众多质疑。为了应对这些挑战，同时随着脑科学和神经科学的发展，20世纪90年代以来出现了大量有关二语习得脑神经机制的研究，相关的技术主要集中在事件相关电位技术（ERP）和功能磁共振成像技术（fMRI）上。

作为认知神经科学研究的一种方法，ERP具有毫秒级水平的时间分辨率使其可以在自然条件下研究特定认知处理过程。就具体的ERP成分而言，N400是一种负波，标志词汇的语义加工，其变化反映了非匹配的刺激跟读者预期之间的关系；LAN反映的是与形态句法相关的加工认知过程（费雷德里奇 Friederici，2002），在没有句法违反时不会产生；而P600是一种正波，反映了句法的整合过程，往往与（形态）句法违例或复杂句法结构加工相关。施泰因豪尔等人（steinhauer et al.，2006）认为ERP对于研究二语学习和加工非常有用，因为其不需要被试做出明确的反应，因而即使是内隐的学习过程也可以被探测研究。在运用事件相关电位技术上，研究者一般将早学者和迟学者在加工二语时产生的ERP活动与本族语者加工一语时产生的ERP活动进行比较，以检验ERP活动在成分、时间、振幅及大脑左右半球上是否存在差异。若早学者产生的ERP活动与本族语者相似，而迟学者产生的ERP活动与本族语者差异显著，则说明二语习得的确存在关键期。若迟学者大脑右半球（非

语言加工优势半球）语言加工的参与度增加，也表明二语习得关键期的存在。

作为一种新兴的神经影像学方式，fMRI 主要是利用磁振造影来测量神经元活动所引发之血液动力的改变。从 20 世纪 90 年代开始，该技术在脑部功能定位领域占有了一席之地，而随着 fMRI 和图像后处理技术的不断改进和完善，使得 fMRI 试验的可重复性和空间定位的准确性大大提高，在脑神经科学、认知和心理等方面的研究应用也更加深入与广泛。在二语习得领域，研究者通常是将早学者和迟学者在加工一语和二语时所激活的脑区加以比较，若早学者在加工二语时所激活的脑区和加工一语时激活的脑区相重叠，而迟学者在加工二语时所激活的脑区和加工一语时激活的脑区有所偏离，则说明二语习得的确存在着关键期。

二、二语关键期假说的 ERP 正反理据

平克（1994）坚信儿童在六岁之前可以成功习得二语（尤其是语音），而该能力随着青春期的到来会不断退化，习得二语将变得越来越困难。究其原因，或许可归结为大脑成熟的变化（诸如代谢率的下降，早期学龄期间的神经元数量、青春期突触数量和代谢率的突降）。拉兹（Raz, 2005）也持相似观点，他认为从青春期开始，大脑中尾状核、小脑体积及皮层结构将以线性方式下降，内嗅皮质和海马似乎萎缩得更快，而这一态势将持续一生。随着大脑的老化和脑量的下降，二语学习的效果也将递减。此类基于理证的观点，近年来得到了诸多实证研究的支持。

(一) ERP 研究的正理据

1. 二语词汇习得正理据

当代认知神经科学的发展为基于年龄效应的词汇习得研究提供了新视角和新路径。韦伯-福克斯和内维尔（1999）结合行为主义和电生理学相关方法来检验年龄因素的作用，结果发现神经支系统在处理开放和封闭词类时存在分布和时间等方面的差异，晚学者较慢习得二语的开放词类。除了功能性磁共振以外，韦伯-福克斯和内维尔（2001）还利用 ERP 研究了中国英语学习者，再次发现不同年龄的学习者在习得英语开放和封闭类词汇时的表现差异显著。该结果和曹燕黎（2009）的观点一致，即与儿童相比，晚学者不容易掌握开放性词类。与韦伯-福克斯和内维尔（1996）研究不同的是，后来的一些学者把受试的二语水平作为了一个考量的指标。沃滕伯格等人（Wartenburger et al., 2003）借助核磁共振成像扫描仪记录了三组双语者词汇处理时的大脑活动，结果发现早期双语者（出生就学习二语）对二语词汇的习得更趋自动化；与具有同样能力的晚期双语者（18 岁之后开始学习二语）不同的是，他们不依赖于与语言和认知控制相关的前额叶区域。克茨和埃尔斯顿-居特勒（Kotz & Elston-Guettler, 2004）分析了英语早学者和迟学者在进行对词汇的联想启动和范畴启动的过程中产生的 ERP 成分，结果发现高水平的英语早学者在联想启动和范畴启动中都诱发了 N400 成分，这点与英语本族语者并无差异；而在迟学者之中，不论水平高低，联想启动都诱发了 N400 成分，但 N400 成分在范畴启动时都未被激发。这说明，就词间关联和词与概念间的联系强度来说，高水平早学者与本族语者相似，而迟学者则较难建立起概念上的二语联系，说明年龄因素对二语习得水平造成了重要影响，而二语水平也在一定程度上影响了词汇的联想效应。在国内，白学军等人（2010）采用ERP，发现早习得词和晚习得词所诱发的LPC（800ms~1000ms）的平均波幅存在显著差异，且这种差异集中在中央顶区，前者所诱发的LPC波幅比后者更大，说明习得年龄确实影响了词汇识别。同年，王丽红等人（2010）通过眼动追踪技术，考察了习得年龄和词频因素对基于语境的词汇加工的作用，结果发现二者在词汇识别和加工中存在交互作用。

2. 二语（外语）语法习得正理据

在ERP的语法加工研究中，句法违反和句法歧义均与P600成分相关。就母语者而言，短语结构违反引起了早期左单侧负波（标记为N125），其后在300~500ms时间窗口内引起左单侧负波，在500至700ms会诱发P600。韦伯－福克斯和内维尔（1996）对汉英双语者不同年龄开始学习二语（英语）的研究是第一个聚焦二语学习者句法加工的ERP研究。该研究把61位在不同年龄阶段接触二语的汉英双语者分为五个组别（1~3岁、4~6岁、7~10岁、11~13岁和16岁以上），探讨了二语学习者的句法关键期效应，结果发现所有二语学习者对句法违反的ERP反应均与母语者不尽相同，且不同年龄组之间存在差异，其中早学者（1~3岁、4~6岁、7~10岁组）出现了与本族语者类似的晚期左侧化负波和P600；晚学者的11~13岁组出现了负波的双侧化现象及早期负波（N125），P600表现出延迟的潜伏期，且呈弱性，而最晚接触英语的学习者（16岁以后）负波分布右侧多于左侧，且未诱发P600。这个结论表明生理基础严重制约着语言发展,晚学者句法处理与早学者和本族语者显著不同且达不到后两者的熟练程度。

哈恩(Hahne,2001)基于德语句子句法违例模式,发现德语二语学习者(母语是俄语)会产生 P600 成分,但是没有一个二语学习者产生了早期 LAN 成分。沃滕伯格等人(2003)使用 fMRI 探究了二语习得年龄和熟练程度对双语被试进行语法和语义判断的大脑皮质活动的影响。他们将意大利-德语双语者按习得二语的初始年龄和熟练程度分成三组,即早期习得(高熟练)、晚期习得(高熟练)、晚期习得(低熟练),结果发现早期习得(六岁前)的熟练双语者进行句法任务时,两种语言引起的脑功能区改变没有差异;而对于晚期习得(12 岁后)的熟练双语者和不熟练双语者,二语的句法加工激活了比加工母语语法更广泛的脑区,且两类被试之间无差异。二语句法加工所引起的脑功能区改变主要受到习得年龄这一因素的影响,晚学者加工二语要付出更多努力。鉴于绝大多数二语句法加工研究关注的是句法违反现象,克茨等人(Kotz et al.,2008)考察了早期接触二语的高水平学习者(五岁开始学习)对英语句法歧义问题的加工,发现二语学习者在处理句法歧义句子时产生了类似母语者引发的 P600 效应,这表明二语句法知识的早期习得(五岁左右)可使二语和母语的句法加工表现出类似的敏感性,从而间接论证了关键期假说的成立。在此领域,国内部分学者已经做了一定的尝试。常欣等人(2009)的一项研究探究了把英语作为外语(English as a foreign language,简称 EFL)的中国学习者在处理句法违规的主动句时的心理机制,结果表明在句子内部句法异常条件下,可见早期左前负成分(ELAN);在句末句法异常状态下，可观察到 P600 成分。2014 年，常欣等人以初始学习年龄较晚、语言水平相对较高的汉—英双语者和法—英双语者（英语是二语）为被试，探究英语简化关系从句的句法加工，结果发现语言水平较高的晚期二语学习者没有表现出母语者句法加工时的 P600 和 LAN 成分，即虽然晚学者的二语能力已经达到了相对较高的水平，但其形态句法和复杂句法加工方式均与母语者不同。这些研究均表明二语学习者与本族语者在语言的自动加工方面存在本质上的差异，从而支持了二语习得的关键期假说。

3. 二语语义习得正理据

基于韦伯－福克斯和内维尔（1996）的研究结果，我们发现 11 岁以后才开始学习英语的两组学习者的 N400 成分诱发时间与英语本族语者相比要晚，表明在 11 岁以后开始二语学习的学习者与本族语者相比要花费更长的反应时间才可以理解语义信息。其他三组学习者对语义错误的 ERP 反应与英语本族语者基本类似，表明其他三组（即 11 岁以前开始二语学习的学习者）对语义的理解基本可以达到本族语者水平。该研究从语义方面验证了关键期假说的存在，即在关键期内二语学习的加工模式与本族语者加工母语时一致，此时的二语学习可以达到本族语者水平，而超过关键期后则不同。

（二）ERP 研究的负理据

1. 二语（外语）语法习得反理据

近年来，随着人们对 ERP 技术的深入了解和实验设计严谨性的提高，国内外越来越多研究者重新审视年龄和二语习得的关系，关键期假说受到了越来越多的质疑。弗雷德·里奇等人（Friederici et al., 2002）利用类似于拉丁语的微型人工语言 Brocanoto 来研究成人学习二语的脑电活动。虽然该研究采用的并非自然语言，但选择微型人工语言的好处是可以控制被试的初始语言水平，且被试在短时间内可以达到较高水平。研究结果发现，这些被试在语法违例中（包括短语结构违例）诱发了类似早学者的 LAN 和 P600 成分，表明成年二语学习者的大脑加工机制与本族语者极为相似。他们拥有和二语本族语者相似的语言加工能力，甚至有可能达到本族语者的语言水平，从而质疑了语言习得关键期假说。罗西等人（Rossi et al., 2006）研究了 69 名大学生（意大利的德语二语学习者和德国的意大利语二语学习者）的二语加工情况。将被试依据二语和语言的熟练程度分成了四组，且四组被试的语言习得年龄基本一致。研究结果显示尽管被试的初始学习年龄较晚，但高水平的二语学习者在句法违例时诱发了与母语者相同的 ERP 成分（尽管成分数量上有差异），而低水平的二语学习者仅仅诱发了 P600 成分。施泰因豪尔等人（2009）利用 ERP 技术从形态—句法的角度阐明了语言的趋向性，质疑了语言习得关键期假说。在语言熟练程度较低的二语学习者中，几乎没有产生任何的 ERP 成分。一旦大脑开始内化该规则，二语者诱发了少量的 P600。随着二语熟练程度的提高，P600 越来越大，潜伏期越来越短（向母语者靠近）。这说明，晚期二语学习者的语法加工受到熟练度的影响，是可能达到母语者水平的。尼克尔斯等人（Nickels et al., 2013）发现成年高级德语学习者（母语为英语）在韵律—句法错配中呈现了与母语者相似的 ERP 模式。

在外语语法习得层面，国内的唐洁凌（2010）选取了两组受试——13 个早学高水平（平均始学年龄 = 9.4 岁）和 11 个晚学高水平者（平均始学年龄 = 12 岁），测量了早学高水平和晚学高平英语学习者在处理一致性违反的被动句上呈现的脑电成分。结果表明，早学者呈现了不太明显的 P600，而晚学高水平双语者呈现了明显的 P600，两组受试都没有 LAN 成分。除了分布上的差异外，早学高水平双语者平均幅值分析均低于晚学高水平双语者，这说明年龄对以英语为外语的中国学生的句法处理没有发挥很大作用。耿立波、杨亦鸣（2013）研究了无意注意条件下 16 位中国大学生二语句法的主谓一致违例现象，结果表明大脑加工二语时产生了标志句法自动加工的 MMN（mismatch negativity）成分，这表明二语学习者即使在关键期之后才开始学习二语，大脑仍然能够对二语的句法进行自动加工，这一结论反驳了语言习得"越早 = 越好"的观点。

2. 二语语义习得反理据

韦伯－福克斯和内维尔 1996 年就二语学习者在语义加工上是否存在关键期进行了研究，发现无论是早学者（始学年龄 < 11 岁）还是晚学者（始学年龄 > 11 岁），其语义违例都诱发了和母语者类似的 N400 成分，这说明二语语义的实时加工受习得年龄的影响有限，关键期假说至少在语义加工上未获支持。1999 年，韦伯－福克斯和内维尔让年龄相差悬殊的中国英语学习者自我报告二语水平，然后把得到的行为数据与测量到的大脑脑电活动加以对比，结果表明学习者初始学习年龄越大，语义加工能力越慢。这两个研究看似存在不一致的地方，其实都否定了关键期所谓学习效应突变阶段的存在，它们指向的结论是：随着年龄的增长，学习者语义加工的速率逐渐下降，但在这个过程中，并没有发现学习效果在某个时间节点前后呈现断崖式的差异。沃滕伯格等人（2003）基于双语者在语义和语法方面的处理机制和大脑皮层活动，发现就语义测试来说，早起点习得者和晚起点优秀习得者的大脑活动完全相同，而后者的大脑活跃度在二语语义加工过程中比一语甚至更高。

3. 基于二语类别和语言水平的反理据

依据二语类别和语言水平，罗西（2006）将 69 名二语学习初始年龄基本一致的被试分成四组，对他们进行了包括词类违规、形态—句法一致违例和词类违例与形态—句法一致违例的简单句子刺激测试。研究发现，高水平的二语学习者在句法违例时诱发了与母语相似的全部 ERP 成分（在成分、数量上有一定差异），而低水平的二语学习者仅仅诱发了 P600 成分，这说明二语水平较高的被试可成功使用与本族语者相似的句法加工方式。无独有偶，施泰因豪尔等人（2006）也发现二语学习者的加工机制会随着其语言水平的不断提高而趋向于与本族语者接近的加工方式。学习者二语水平较低时，产生的 EPR 成分几乎为零；当学习者的大脑逐渐内化语言规则时，会诱发少量 P600，而随着学习者二语水平的提高，诱发的 P600 成分越来越多，潜伏期越来越短；当二语学习者的语言水平与本族语者相当时，二者在形态—句法上诱发的 ERP 成分等同。2013 年，以尼克尔斯为代表的研究者发现，成年德语高级学习者（母语为英语）在韵律—句法错配中呈现出与本族语者相似的 ERP 模式，而在语言水平较低的二语学习者中，则没有诱发相关成分。2014 年，施泰因豪尔开展了一项阅读模式的研究，发现在低水平组，母语为法语的英语学习者和母语为汉语的英语学习者都没有产生 LAN 成分，但前者产生了更多的 P600 成分；在高水平组，两种母语背景学习者均呈现与英语本族语者相似的 LAN 和 P600 成分。这些研究结果表明只要学习者的二语水平达到一定高度，其语言加工方式就可能和本族语者加工母语的方式不断接近并趋同，并不会受到其二语学习初始年龄是否处于关键期的影响。

4. 早期 ERP 研究和近期 ERP 研究的差异性

早期 ERP 研究表明，初始学习年龄较晚的二语学习者在形态—句法违例中几乎没有产生 LAN 成分，从而判定该成分受语言习得年龄的影响较大。但是，最近基于 ERP 技术的研究表明这些以往的研究看似证实了生理基础与二语水平的因果关系，实际上仅仅表明尚不熟练的二语学习者没有像母语者那样加工二语中的形态—句法。以韦伯-福克斯和内维尔（1996）的研究为例，该实验的设计缺陷在于没有把初始接触外语的年龄和外语学习者的水平加以区分，没有控制二语水平这一因素，因此实验结果有可能是由习得年龄与二语水平共同作用所致，而不单纯是初始学习英语的年龄引起的。自 2005 年以来，研究者在高水平的二语学习者和低水平的二语学习者之间进行了一系列的研究，发现语言熟练程度的确影响着大脑活动，高水平的二语学习者与母语者的脑电活动基本无异。初始学习年龄较晚的二语学习者在形态—句法一致违例中没有产生 LAN 成分可能是由于语言熟练度较低，而不是语言习得年龄所致。随着学习者二语熟练程度的提高，形态—句法的实时加工会发生巨大的、系统的变化。

三、二语关键期假说的 fMRI 正负理据

（一） fMRI 研究正理据

支持二语关键期假说的第一个 fMRI 证据来源于神经科学家赫什（Hirsch，1995）的研究。他把 12 个流利的双语使用者分成两组，第一组的六位受试从小习得双语，第二组的六位受试在青少年时期才开始学习二语。结果发现，前一组被试使用母语和二语时牵动了大脑的同一区域，而后一组被试使用母语和二语时却激活了大脑的不同区域。这似乎说明了学习二语的初始年龄对二语习得产生了一定程度的效应。

基于学习初始年龄，德阿纳等人（Dehaene et al.，1997）对早双语者（儿童时期开始学习二语）与晚双语者（成年后学习二语）进行了研究，结果发现，早双语者与晚双语者在处理二语时激活的脑区是不同的。早双语者使用母语和二语时激活的大脑区域相互重叠；晚双语者使用母语时激活其左额下叶偏前部，而在使用二语时，其左额下叶偏后部得以激活。这说明晚双语者在说二语的时候首先激活的是母语，然后是二语；而早双语者说二语的时候，母语和二语是同时被激活的。金等人（Kim et al，1997）研究早期双语者和晚期双语者在句子加工任务中的差异，发现前者组别的被试在产出母语和二语时，激活了重叠的大脑布罗卡区，而后者组别的被试在产出母语和二语时激活的布罗卡区中心点的空间位置存在显著差异，这表明二语习得的初始年龄对皮质表征有着重要的影响。与

之类似，切伊等人（2001）观测了早晚期英汉双语者的大脑皮层活动，结果发现早学组在完成语义判断时激活了左半脑前额叶和颞叶；在进行近义词判断任务时激活了左半脑前额叶和顶叶。然而，在进行此类操作时，迟学组还额外激活了右半脑额下回。这些研究与赫曼德兹等人（Hermandez et al., 2000）有关西班牙语—英语早期双语者的研究结果相一致，表明二语习得的初始年龄决定了个体二语处理的脑区功能结构上的差异，验证了关键期的存在。

在语言水平层面，薛等人（Xue et al., 2004）的个案研究显示，母语和英语在梭状回、布罗卡区以及左顶叶都有激活。高水平的二语迟学者在处理一语和二语时激活了相同的脑区，只是激活的程度有所不同。沃滕伯格等人（2003）根据初始年龄和语言水平将意—德双语者分为三组，探究进行语法和语义判断任务时，双语被试的二语习得年龄和语言水平对于大脑皮质活动的影响。结果发现，早期双语者的大脑活动在加工母语和二语语法时无明显区别，而晚期双语者在加工二语语法时比加工母语语法激活了更多的布罗卡区和皮层下区域。此外，相比较母语加工，两个迟学组在加工二语时均在额下回区显示出更多的双侧激活。

总而言之，涉及语言加工时机的 ERP 研究文献与针对语言加工区位的 fMRI 研究文献在正理据上指向一致。也就是说，二语的习得年龄是影响两种语言在脑皮层空间位置的重要因素。对于在关键期内就习得二语的个体来说，母语和二语享有共同的神经基础；相反，对于过了关键期才习得二语的个体来说，母语和二语在大脑的神经基础上存在较大的差异。二语习得初始年龄越早，语言能力越高；反之初始年龄越晚，语言能力越低。

(二) fMRI 研究的反理据

利用 fMRI 技术,诸多学者开展了基于年龄效应的词汇习得实证研究。切伊等人(1999)发现,无论是早期的英语-汉语双语者还是晚期的英语-汉语双语者,他们在进行汉语和英语的词汇产出时激活了相同的脑区(包括喙中区和额下回、辅助运动区、双侧枕叶区和双侧顶叶区),这表明早晚期双语者加工两种语言时在大脑皮层上的表征是相同的。高水平的双语者即使习得二语时间较迟,其脑激活模式无论是在加工一语还是加工二语时均无差异。这些结论说明,只要被试有足够的练习机会,纵然习得年龄晚于关键期,他们的二语仍可达到接近于母语的水平。薛等人(2004)选择了相对较晚(初始年龄为8~10岁)学习英语的华人(英语水平较低,被试有两年的英语学习经历,没有其他接触英语的机会或专门培训),要求他们对每一对词的关联性做出判断。基于 fMRI 数据的分析结果显示,母语和英语在梭状回、布洛卡区以及左顶叶都得以激活。熟练的二语晚学者在加工母语和二语时激活了同样的脑区,差异在于激活的程度。弗伦克-梅斯特(Frenck-Mestre,2005)基于 fMRI 技术,以高水平的英语—法语早期双语者(在关键期内习得二语者)和晚期双语者(成年后才学习二语者)为研究对象,考察了早晚期双语者在发音层面的脑区差异。结果显示,无论使用哪一种语言,两组被试在发音时都明显激活了运动神经皮层两侧、基底节、小脑及运动神经辅助区域,不仅激活的大脑区域相同,而且参与发音的神经网络的界限和范围也基本相同。也就是说,即使不在关键期内开始学习二语,最终的二语水平也可以很高。2014

年，马尔科特和安萨尔多（Marcotte & Ansaldo）选择了十名年轻人（22~25岁）和十名老年人（66~75岁）作为研究对象。所有参与者在五天词汇学习阶段（T1）之后和词汇学习达到100%成功率阶段（T2）之后各接受了一次fMRI扫描，结果表明年轻人仅仅在T1阶段准确分较高，到了T2阶段这一差异已经不明显了。这是一个比较极端的研究，即便是70多岁的老人，也能正常习得词汇，且准确率能达到100%。虽然老年人达到T2阶段花费的时间较长，但这种低效率应该是由于认知能力、记忆负荷下降所致，和关键期无关。

四、解释视角的转向

就已有的ERP和fMRI研究来看，二语习得的关键期假说还没有得到科学研究的充分支持。我们并没有得到绝对权威的研究结果，来证实早晚期学习者在使用二语时产生的脑电活动或激活的大脑区域相同或相异。武凌云（2011）分别从语言学、心理学、神经语言学等角度重新审视了二语习得关键期假说，得出了以下结论：语言习得关键期假说不能成立，它不能解释二语习得中存在的年龄差异，至多只能说明年龄因素会对二语习得产生一定的影响。奥斯特豪特等人（Osterhout, 2006）认为无论是从最终学习结果还是学习过程来看，儿童和成年人之间或许并不存在本质差异。不同年龄接触二语的学习者之间的确比较可能产生组间差异，但可能不代表年龄对习得的真实影响。影响语言习得的因素繁杂，效应不一，且相互作用，年龄并不是导致语言学习失败的根本原因。基于当代认知神经科学的ERP和fMRI研究，从语言水平高低、学习时长、二语输入量、语言迁移和语言环境等因素来探究学习者的二语能力发展，或许是更为全面、更为合理的诠释视角。

我们发现以往的 ERP 和 fMRI 研究中，一个被频繁提及的变量为受试的学习时长或二语水平。基于日本小学生英语学习的语义加工研究，李荣宝等人（2003）和王沛、蔡李平两人（2010）得出相同的结论：初始年龄越早的儿童其英语水平测试的成绩越高，诱发的 N400 波幅也越大；但若考虑习得时长这一因素，在多元回归分析中控制习得时间变量不变，其年龄效应随即消失。这与尾岛等人（2011）得到的结论一致，即学习英语时间越长，二语水平越高，N400 波幅显著增大，学习时长对儿童的即时语义加工发挥了重要的作用。此外，阿布塔莱比等人（Abutalebi et al.，2007）也曾得出结论：与其说学习二语的初始年龄与二语能力相关，不如说二语的学习时长和二语能力更为相关。在二语水平层面，支持关键期假说的韦伯-福克斯在研究设计上并未将学习者的初始年龄与二语水平加以区分，因此该研究也可能反映了学习时间越长和二语水平越高就越可能接近母语的情况，其结果也可能是由语言水平而非学习初始年龄造成的。前文提及的罗西（2006）的研究结果（学习初始年龄较晚的二语学习者在形态—句法一致违例中没有产生 LAN 成分），也有可能是语言水平较低的缘故，而不是语言习得年龄所致。可以说，不同水平学习者之间的处理机制可能存在本质差异，显示出母语和二语激活区域相似性的 ERP 和 fMRI 研究似乎更支持格林（2005）的"趋同假说"（Convergence Hypothesis），即学习者的大脑机制是一个变化的动态过程，随着二语学习者水平的逐步提高，其对二语材料的加工方式也愈加趋近于他们的母语加工方式。

第八章 基于当代认知神经科学的年龄与语言能力研究

基于语言迁移和语言环境视角,部分学者对他们的 ERP 或 fMRI 研究结果进行了解析。萨布林(Sabourin, 2003)通过研究不同母语背景的二语迟学者对于动词一致性的语法判断,发现他们的准确率达到了90%,但是这些受试在做判断时 ERP 的记录存在明显差异:在 P600 和 N400 的反应上,德语组与母语大致类似;罗马组和英语组与母语相似程度较低,具体表现在没有显示早期负波,且 P600 的出现发生了延迟。这说明母语对二语的学习会造成影响,且不同的母语对二语学习者的语言能力的效应是不同的。在道恩斯等人(Dowens et al., 2010)有关名词短语结构中限定词—名词违例的研究中,母语为英语的西班牙语学习者做任务时诱发了与本族语者相似的 LAN 和 P600 成分,而母语为汉语的西班牙语学习者仅仅产生了 P600 成分,而没有诱发 LAN 成分,表明母语为英语的学习者比母语为汉语的学习者更易习得西班牙语。该结果被研究者归结为语言迁移效应,即当二语结构与母语结构相同或相似时会对二语习得产生促进作用(正效应),而当二语结构和母语不同时,二语习得会受到母语的妨碍,产生负效应。摩根-肖特(Morgan-Short, 2012)通过人工语言对成年高低水平二语学习者在内隐学习环境和外显学习环境下的句法加工进行了探究,结果表明,内隐组的低水平学习者在句法违例中仅仅产生了 N400,而同组的高水平学习者产生了与本族语者相似的 LAN 和 P600 成分;外显组的低水平学习者没有产生任何 ERP 成分,高水平学习者也仅产生了 P600 成分。这说明,内隐学习更有利于语言的习得,对于高水平学习者来说,内隐环境下的学习可以激发他们与本族语者相似的语言加工机制,即使对于低水平者来说,也可以实现语义理解。该项研究结果在一定程度上表明内隐学习环境对二语习得影响重大，二语学习的初始年龄因素并不凸显。

五、小结

迄今为止，学术界就二语习得关键期还没有形成定论。二语习得的初始年龄可能在一定程度上影响着语言能力的发展，但对学习者二语最终成就的解释力较为有限。外语学习成败与开始的早晚没有必然联系，它更受制于二语水平、学习时长、语言输入的质与量、语言环境和学习者个性等因素。探讨和研究二语学习者的语言能力发展，不能只考虑单一的年龄因素或者其他的单一因素，而是要将各种因素综合考虑，方能更科学地认识二语习得的本质。

探讨二语习得的本质，需要从其自身的规律和体系出发。关键期假说的研究大部分是针对二语学习者在二语环境下的学习而言的，这与中国学生在中国把英语作为外语来学还不太一样。在以往的国内外相关研究中，部分还不能完全保证其研究结果的有效性和科学性，存在一定的误差和巧合，因此为了更好地服务于外语习得领域的研究，ERP 和 fMRI 技术还需要进一步改善和发展，比如可以把眼动技术和 ERP 技术加以组合，也可以从更多视角和统计方法（如多元回归分析、结构方程模型等）来分析和解释获得的研究数据和结果。

第九章　关键期假说对于我国英语教学初始年龄的影响

在本章中,作者将从个体、语言、文化、认知和师资等因素解析英语学习和初始学习年龄的关联,旨在说明简单地把学习差异归结为生物性的年龄差异,势必会影响我们对于外语习得本质的认识。

一、影响外语学习的多因素解析

近年来,我国很多地区的外语教学呈低龄化趋势,小学一年级甚至幼儿园就开始设置英语课程,一些社会办学机构更是极力夸大早期学习英语的种种好处。受到国内大环境的影响,家长们纷纷听从外语学习"越早=越好"的片面宣传,害怕自己的孩子输在了起跑线上。显然,这种外语热很大程度上是建立在语言习得关键期假说的基础之上的,而实际上,当前低龄外语教学的理论依据不足、教学实践经验薄弱是一个不争的事实,即使存在语言学习的关键期，它也只是影响外语学习的诸多因素之一，不应盲目夸大其作用。只有个体因素、语言因素和文化因素等共同作用时，才能决定外语学习的速度、效率和最终水准。

从个体因素看，外语学习的起点应放在母语习得基本完成之后，学习外语不能以牺牲或削弱母语为代价。一个人能达到的外语水平，基本上就是他的母语底线。对于一个学习者来说，如果没有母语，就无所谓外语；如果没有在母语环境中形成的认知能力和逻辑思维能力，就不可能真正学好一门外语。我国脑科学家杨雄里院士（2001）曾经指出，一般人的逻辑思维形成是通过母语学习，过早学习外语，极可能造成干扰，导致逻辑思维能力缺陷。如果儿童不能持续发展使用本族语的认知能力，那么其语言能力（包括母语和外语能力）的发展都会受到影响。在皮亚杰（Piaget，1926）看来，处于前运算阶段（2~7岁）的儿童比较倾向于使用一种语言，如果此时再学习另外一种语言，他们往往会混淆这两种语言，无法正确地表达思想，发生母语负迁移现象，这不仅会对儿童产生一定的挫败感，还会对他们未来的学习产生不利影响，所以这个时期的儿童如果不是生活在双语制的社会环境下或有绝对优良的师资及完备的教学设施作保障，最好使用一种语言。

就语言因素而言，二语习得与外语学习在语言环境、语言输入、语言学习目标和语言水平方面都有着明显的质与量的差别。所谓二语，一般是指在本国与母语享有同等地位甚至更高地位的一种语言，在学习所在地发挥除母语之外的通用语的社会作用，而外语一般是指在本国之外使用的语言，也就是在自己国家中学习的那种非本族语言。如此看来，英语在中国是一门纯粹的外语而非二语。

正如埃利斯（1999）所述，关键期假说对良好语言环境下的二语习得是非常适用的。毫无疑问，移民美国的孩子在关键期内开始学习英语的话，他们所讲的英语会比成人好。这些儿童是在二语环境中成长起来的，在日常生活中可以随时随地与英语零距离接触；而反观我们中国孩子的英语学习，虽然学习外语的环境已经有了相当的改善，但他们的学习毕竟不是在目的语国家进行，还不具备一个比较真实和自然的英语学习环境。同时，外语教师的语言水平总体上无法与二语教师相比，教师语言输入的质与量都不如二语教学，同伴之间的语言输出更是少得可怜，严重阻碍了英语在学生头脑中的内化进程。此外，汉语和英语分属不同的语系，包括语音、拼写和语法等在内的语言特征差异极大，因此中国学生学习英语的困难要远远超过欧美学生。据研究发现，母语为西班牙语的学习者学习英语时所犯的错误只有3%来自母语的干扰；而母语为汉语的学生在学习英语过程中所犯的错误51%来自母语的干扰。从这个意义上来讲，关键期假说对我国的英语教学是否适用，还是一个未知数。

语言学习实际上是一个文化习得的过程，没有合适的文化环境是不可能真正掌握一门外语的。中国文化与英美文化的差异是构成中国学生学好英语的另一大障碍，如果让一个孩子早早开始学习一门外语，很容易造成本土文化与外来文化混淆的状况。众所周知，语言是民族的标志和文化的载体，母语学习是一个社会化的过程，在学习语言的同时，儿童也在学习一种看待世界和适应社会环境的方式。换句话来说，价值观念和行为标准在学习语言之际不知不觉地渗入到学习者的思想之中，故而不用母语进行儿童启蒙教育是荒唐可笑的。对此，马姆伯格（Malmberg，1970）有着极为深刻的论述:"母语对于个人的文化发展是极为重要的。在早期教育中,个人首先被引入本民族的文化之中,然后被引入国际文化中,再后来被引入抽象世界中,所有这些教育活动必须在母语环境中进行,……"应该说儿童过早学习外语会影响汉语的学习,不利于我国文化的传承。

我国教育部2001年颁布了《关于积极推进小学开设英语课程的指导意见》,提出的基本目标是:2001年秋季始,全国市、县小学逐步开设英语课程;从2002年秋季起,乡镇所在地小学逐步开设英语课程。小学开设英语课程的起始年级一般为三年级。针对这一政策,国内众多学者进行了理论评述和实证研究,并得出了各自的结论。刘润清等人(2000)认为,我国儿童学习英语的最佳年龄大约在9岁左右,因为这个时期的大脑仍保留着早期的灵活性,并且认知能力已趋于成熟,同时对使用所学语言也不感到拘束。每一个正常的人,在9岁左右已习得了他的母语,这时候开始学习外语,应该是比较合适的。然而,小学英语课程开设至今,依然存在诸多问题,其中最为突出的有教师队伍良莠不齐、教材五花八门、教法流于形式等等。董燕萍(2003)针对1200名小学英语骨干教师开展的问卷调查表明,要在小学全面开设英语课,师资培训是当务之急;不顾具体的师资条件,在小学盲目开课,不仅会造成巨大的教育浪费,而且还会挫伤相当一部分孩子今后学习英语的积极性。胡明扬(2002)认为,"如果小学外语教学的师资问题解决不了,让一些自己的英语都没学好,发音全是中国腔的老师去教小学生,一旦养成习惯,将来再改就比登天还难,还不如不学",赵世开(2002)更是觉得"与其滥竽充数,还不如不开设这样误人子弟的课程"。

二、我国开展英语教学的合理初始年龄

基于语言自然习得环境的研究结果和相关结论经常被用于外语学习情境之中，这无疑助推了所谓早学外语更能获得成功的观点，对此我们要足够警惕。20世纪五六十年代西方提倡从小学教授外语的运动在很大程度上受到彭菲尔德和和罗伯茨（1959）的"越早＝越好"的理念，在德克特（Dechert，1995）看来，他的理论更多的是基于自己孩子早年浸入式语言学习的亲身体验，而"教室内的学习与浸入式学习有所不同，早期的外语教学无法企及早期浸入式学习产生的终极表现"（约翰逊和纽伯特，1989）。

就特定的外语学习初始年龄而言，从小学一年级（6~7岁）和其他年级开始的青少年学习者，他们最终的语言水平并没有差别。小学低年级的外语教学课时往往只是中学的一半左右，提供的"点滴式"语言输入无法满足随意学习所需，不能产生长期的效应，更何况该阶段的母语教学其实比外语更为重要。因此，较为理性的做法是在母语体系成熟之后再开始学习二语（外语），否则会对母语造成不可估量的负面影响。其结果可能是，到了大学再压缩外语课时来提升汉语教育，却为时已晚，这项工作本应在中小学，尤其是小学得到更多的重视。

鉴于中国英语学习者不是身处目的语国家，欠缺一个真实、自然的语言学习环境，他们在课堂中接触到的语言输入质量参差不齐，有的无法保证关联性和延续性，使得语言学习变得更加困难

（马里诺娃-托德等，2000）；有的则为语言习得提供了理想的模型，而良好师资的作用也就在此。小学外语教学的投入或许值得，但前提是任课教师本身就是本族语者或其语言能力与本族语者相当。如果学习时间拉得很长，却收获甚小，那便是学习失败（王蓓蕾，2003）。与其很早开始蜻蜓点水式地学习外语，还不如把学习的初始年龄推迟到小学四、五、六年级甚至初中一年级（11～12岁及以上），在保证外语师资质量的同时，在现有课时的基础上增加一定的学时数，通过集中强化的语言输入实现多产出、有意义的学习体验（穆尼奥斯，2012）。此外，作为信息技术原住民的现代学习者，完全可以获取更多不同类别、多模态的强化输入，提升学习效率和质量，缩短语言学习的年限。当然，为了避免可能出现的口音问题，可适当加强学习者的外语语音指导和训练（例如，设置类似语言专业在大学入学伊始开展的纠音环节）。

在本书作者看来，我国开展英语教学的初始年龄可因地制宜，设定一个9～12岁的灵活区间，即在条件成熟的发达地区，可以从小学三年级开始，而对于条件相对落后的地区，依实际情况可以推迟到小学四年级直至初一。根据关键期假说，这四年均处于外语学习的最佳年龄段，在生理、认知、情感、环境、文化等方面具有不可比拟的优势，且符合我国当前的具体国情。或许有人会质疑十岁以后再学英语，是否为时过晚。在桂诗春（1985）看来，11岁及之后的儿童的认知能力已发展到较高水平，元语言意识较为敏感，模仿力和长期记忆能力增强，母语系统已建立，不会受到较大的干扰。他们的感性认知开始由具体思维向抽象思维转变，认知能力的发展与语言能力的发展同步进行，相互促进，相互提高。认知能力的发展为语言能力的发展提供了丰富的"物质内容",语言能力的发展又进一步促进了认知能力的发展。而束定芳(2001)在综合分析了国内外的相关研究之后指出:"如果在 12 岁开始学习外语,这样的学习者只要在良好的语言环境和科学的教学方法下,最终也能达到或接近说母语的水平。"可以这么说,9~12 岁开始学习英语的儿童,无论语音水平还是最终语言能力上都可以发展到相当的高度,而且其语言能力比低龄儿童更耐磨蚀。

三、小结

我国的英语教学已经出现了"越早越好"的发展态势,对此我们必须高度重视,绝不能因为低龄儿童在习得外语语音方面的相对优势,而忽视了过早学习外语对儿童母语习得和逻辑思维发展方面的负面作用。简单地把学习差异归结为生物性的年龄差异,势必会影响我们对于外语习得本质的认识。此外,在我国当前小学外语师资和教育经费相对紧缺的情况下,从哪个年级开设英语课程一定要将必要性和可行性结合起来,这样才能真正发挥年龄因素对于英语教学的积极作用。

第十章　基于需求分析的大学和中高职学生英语能力对比研究

在本章中，作者基于需求分析的相关文献，通过对比分析了大学和中高职学生的英语能力现状，大学、中高职学生的英语能力与社会需求的差距，以及大学英语教学和中高职英语教学在需求分析研究上的差异，并从教学理念、教学内容、教学模式方法和教学测评等方面对未来的英语教学给出了相应的提升策略。

一、需求分析与外语教学

随着我国经济、社会的快速发展以及"一带一路"倡议的实施，英语的重要地位越来越得以凸显。新时期用人单位需要大量精通英语的复合型综合人才，英语水平成了毕业生进入职场的必备能力和衡量员工能力的重要标准。陆敏（2018）认为，在经济全球化形势下，各行各业一定程度上都需要精通外语的人才，并且在恰当的时机下，良好的英语能力能使应聘者获得竞争优势，更容易获得求职、晋升和进修的机会。

在此背景下，英语课程的设计与实施显得尤为重要，其基础往往是从需求分析出发。夏纪梅、孔宪辉（1999）指出外语教学的需求分析主要针对三个方面：总体情况分析、学生需求分析、社会（职业）需求分析，而社会需求又可分为主观需求和客观需求两个方面（布朗，1995）。束定芳（2004）提出需求分析主要包括社会需求和个人需求两类，其中社会需求包括政府的外交或其他政治的需求，而个人需求主要指学生实际水平与其希望达到的水平之间的差距。鉴于此，作者基于需求分析的相关文献，通过对比分析大学和中高职学生的英语能力现状，试图发现它们的异同和值得借鉴之处，并对未来的英语教学给出提升的策略。

二、国内大学和中高职学生的英语能力现状

近年来，我国大力发展有中国特色的职业教育，中高职教育受到国家的高度重视。中高职英语教学受到越来越多的关注，但与此同时，也存在着一定的缺陷。在中职层面，很多学生基础较差，大部分英语还处于初级阶段，基础底子十分薄弱（王建斌，2011）。其次，他们认为学习英语对自己未来的职业发展帮助不是很大，缺失英语学习的热情、动力和动机，常有厌学的情绪和行为。在教材选择上，很多中职学校普遍存在给不同专业学生配备相同的英语教材进行相同的英语知识教学现象（曹忞涢，2014）。在具体的英语教学课堂中，教师还是中心，负责向学生灌输知识，学生被动地接受知识，缺乏学习的主动性；同时，很多教师未能将英语教学与专业特点结合起来，致使学生难以将英语学习与职业情境相互融合，最终导致英语与专业分离的现象。另外，中职学校对英语教学质量的评价机制较为传统，使学生只是满足于合格的分数，对英语知识的实际运用重视不够。在高职层面，总体生源较差，学生英语水平参差不齐。大部分学生是抱着不得已的态度学习英语的，主要目的是通过考试，很少考虑到实际能力的培养。他们在学习过程中多是遵循传统的英语学习方法，机械地背单词、背语法，被动地跟着老师走，而不能积极参与到课堂活动中。而且，高职英语课程设置不够合理，许多学校目前只开设一年的英语课程，使得英语基础较差的学生很难实现最终的学习目标。教学内容与职业性结合不够，没有给学生足够多的机会习得与未来职场相关的知识和技能。此外，高职英语的测评体系比较单一，最被普遍应用和承认的高等学校英语能力考试虽然重点在于测试学生的英语应用能力，但其缺点是没有把听说能力作为考核的核心（罗宁曦，2010）。在此考试的反拨效应下，许多教师仍然按照传统的教学和测评方法，片面强调学生的阅读和翻译能力，考试形式多为笔试，忽视了学生听说能力的培养。同时，许多高职院校仍采用终结性的评价，并没有与学生的实践能力评定有效结合，这也打击了部分学生学习英语的积极性。

相比之下，大学的生源质量比中高职学校要好，学生的英语能力要高出一个层次。然而，由于近年来扩招的影响，总体生源较以往其实有所退步，学生的英语水平差异性被拉大，毕业生的英语水平与《大学英语课程教学要求》制定的教学目标还存在一定差距。魏兴等人（2018）指出，为了满足社会需求，众多高等院校开始着重培养实用型的外语类人才，即能够在工作中运用英语完成任务的人，但是当前我国高校的外语教育还不能很好地满足职场所需求的外语能力。韦薇（2014）认为，我国高校毕业生虽然系统地接受了十多年的英语教学，但仍然看不懂原文书籍，听不懂英语，无法用英语和外国人交流。早在20世纪90年代，时任国务院副总理的李岚清同志就曾说过"很多毕业生经过8年或者12年的外语学习，然而大多数学生却不能较熟练地阅读外文原版书籍，尤其是听不懂、讲不出，难以与外国人直接交流，这说明我们的外语教学效果不理想。"20年之后，高校毕业生的英语能力还是不尽如人意，尤其是在听说技能方面，还有待进一步提高。

可以说，无论是中高职，还是大学，英语教学存在的一个共性问题都是英语的综合应用能力有待加强，外语教育和专业学习的结合有待提升。

三、大学、中高职学生的英语能力与社会需求的差距

在经济、社会和文化国际化、全球化的今天，用人单位对毕业生英语能力的要求越来越高，英语水平已然成为成功竞职与否的关键因素之一（卢桂冬，2015）。

中高职院校主要是为社会培养出大量的技术性人才。在社会对技术性人才的迫切需求的情况下，在经济全球化的大背景下，许多企业更希望录用综合能力强的中职毕业生，既有扎实的专业知识，又有良好的英语综合能力的人才备受青睐。然而，目前许多中职英语的教学内容同用人单位需求相差较大，教师对学生能力的培养不够，中职毕业生英语水平状况与用人单位的需求之间仍存在着一定

差距。随着我国融入世界经济、文化之中，国际交流机会进一步增加，高职毕业生作为企业进行基层营销、公关、管理等方面的中坚力量，需要具备一定的英语应用能力。可以与外国企业进行商务谈判，翻译相关的外文资料，制作英文版产品介绍等，都是用人企业对高职毕业生英语应用能力的具体要求（祁景蓉，2011）。然而，由于高职毕业生自身能力不足，与用人单位希望录用到专业知识强且英语综合素质高的要求存在一定的差距。

伴随着经济全球化趋势，很多企事业单位不仅要求应聘的大学生英语水平要达到一定要求（如获得英语四六级证书），而且要求他们可以把英语技能与所聘岗位的工作业务相结合。黄川等人（2017）相信，随着社会的发展，就业单位对竞聘毕业生的要求不再满足于一纸证书，而是更注重考察大学生在实际工作中对英语的应用能力。陆敏（2018）认为，各工作岗位对员工的英语要求讲究"实用为主""够用为度""学有所用""术有专攻"。这与早年许国璋（1978）的观点一致，即我们培养的不同行业的人才需要"既懂自己的专门业务，又会使用外语处理自己的业务"。胡学文等（2011）也指出，高校毕业生的英语能力水平反映在对工作业务的处理中，即实用性。当前，大学本科毕业生总体上英语水平一般，听说能力较差，英语的实际应用能力较差，很难胜任企业要求的结合英语完成任务的工作。

可以说，无论是中高职，还是大学毕业生的英语水平都没有达到培养目标的要求，他们的英语能力难以满足社会需求，亟须进行关于教学方法、教材、课程设置以及考核评价体系等一系列的调整。

四、大学英语教学和中高职英语教学在需求分析研究上的差异

胡学文等人（2011）指出，不同用人单位、不同部门对应聘者的英语需求有很大的差异。所以，英语教学质量的提升，一定离不开需求分析。由于职业教育人才培养目标的特点，如中职英语课程的教学目标所强调的让学生提高英语基础知识的基础上，对说、听、写、读及评议技能的培养，从而逐渐形成应用职场英语的能力（教育部职业教育与成人教育司，2009）和高职英语课程以职场交际为目标，培养学生实际应用英语的能力，使其能在日常活动和未来职业相关的业务活动中进行一般口头和书面交流的能力（中华人民共和国教育部高等教育司，2009），它们对基于需求分析的英语教学重视度更高。比如，相关院校经常结合职业特点，按照企业的需求来制定相关教学内容，即将与企业主要岗位工作过程相关的英语内容组织到英语教学中来，以强化英语教学的实用性特征，保证语言教学与专业培养目标密切相连（刘黛琳，2008）。反映到教材出版上，针对中高职院校英语的教材与专业结合非常精细精准，且涵盖面广。相比较而言，大学英语教学似乎把教学目标的重点放在了语言技能的提升上，即"培养学生的英语综合应用能力，特别是听说能力，使他们在今后学习、工作和社会交往中能用英语有效地进行交际，同时增强其自主学习能力，提高综合文化素养，以适应我国社会发展和国际交流的需要"（大学英语课程教学要求，2007）。换而言之，大学英语课程对人才的出口重视不够，外语学习与专业知识的结合不够，其直接结果是课程的需求分析研究不如

中高职英语教学。比如,大学英语教材在通识教育方面较为成熟,而在ESP、EAP方面的开发和学科、专业的结合不够,虽然做到了通用性,但学科性、专业化、个性化有所欠缺。

五、国内英语课程教学的提升策略

课程是人才培养的核心要素,是立德树人根本任务的具体化和可操作化。新时代背景下的英语教师在进行课程设计和内容教学时,应基于需求分析,充分考虑到学生们在日后的工作中会遇到的种种问题,培养学生们具有学习英语的能力,同时保证英语能促进他们未来的职业发展。

(一)转变传统教学理念

教师应着重转变传统教学理念,充分意识到英语的实用性,不能单纯地向学生灌输理论性的英语知识,要注意培养学生的实践能力,使其在掌握英语基本知识和技能的基础上能从职业的角度用英语解决专业问题,为未来的就业奠定良好的基础。在汪洋(2015)看来,相关中职学校的英语教师应改变自身的教学思想,并通过相关教学思想实现自身英语教学模式的转变,激发学生学习英语的热情,实现以就业为导向的英语教学。

(二)优化教学内容

教师应根据学生的专业需求对教学内容进行筛选,将英语教学与学生们的就业能力相结合,让学生有倾向性地学习与自己专业相关的内容，从而增强他们的英语实用能力。对于一些教材中没有的相关专业内容，教师也可以进行适当补充（比如，借助精品在线开放课程资源）。各级院校应从英语培养目标出发，采用适合不同专业学生的专业英语教材，也可根据地方特色及对社会需求的实际考察等，开发具有本校特点的校本教材。以大学英语为例，蔡基刚（2012）认为语言学习只有通过结合专业内容学习才更有效，所以ESP、EAP是提升大学生英语能力的有效途径。

（三）转变教学模式，改进教学手段

教师应利用翻转课堂、项目式学习模式等形式，给学生更多展示自己的机会，让学生多多参与到课堂中，从而提升他们学习英语的兴趣，培养他们的创新思维，让他们学会独立思考、独立处理与专业相关的各种问题。另外，教师应充分考虑学生的特点，尊重不同学生之间的差异和需求，以学生为中心，将传统"灌输式"的教学方式改为"输出型"的方式，使每个学生都能很好地融入课堂，提升教学效率和效果。此外，学校也可建立校企合作机制，使教师更加明晰企事业单位对毕业生英语能力的需求。李丹（2016）提出构建新型的校企合作机制，双方在社会需求的基础上，共同进行深化课程改革以及对教学目标的调整。企业及时向高校提供不同岗位对英语能力的实际应用需求，而不仅仅是为高校提供实习场所。在此基础上，教师有针对性地强化学生的职场英语应用能力，创设真实的情境，给学生更多实践的机会，从而增强英语教学的实用性和针对性。

（四）完善英语教学测评体系

"语言测试的内容和设计都应该注重实用性，既考知识，又考能力，这样才能更加科学、公正、准确地评定学生真实的外语能力，这与人才培养的社会需求是一致的。"（赵培，2003）教师应改变英语课程评价方式，不能单单依靠考试分数对学生进行评价，要将英语教学评价与学生的岗位胜任能力、学生的职业素养相结合，这样才可以对学生的能力进行全方位评价，真正判断出学生是否具有岗位所需要的能力。比如，教师在考核时可增加一些和学生将来职业相关的测试内容，打破传统单纯的书面测试形式。

六、小结

随着中国国际化和全球经济一体化的深入，无论是中高职，还是大学阶段的英语教学都应基于需求分析，坚持以服务为宗旨，以就业为导向，以学生为主体，将英语教学与实践运用能力培养相结合，不断提升学生的综合能力，打造真正意义上的"金课"。外语教学要注重实用性，既要培养学生的英语基础，更要培养学生实际应用英语的能力，以促进学生全面发展，使学生胜任未来的岗位，更好地为社会做贡献。

第十一章　大学英语学习者的阅读模式与阅读能力的相关度

阅读是一项包含诸多心理因素的复杂语言活动，是一个学习者积极寻找和构建意义的动态过程。在本章中，作者通过一项基于东北某高校非英语专业部分新生的量化研究，探究了学习者当前的阅读模式、阅读能力及二者之间的相关度，有助于学习者明晰阅读模式选择与阅读能力之间的关系，通过采取相应策略来提升自己的外语综合能力。

一、阅读能力的重要性

综合多种技能的阅读是人类所具备的一种复杂心理活动，可帮助学习者利用文字载体汲取知识，获取信息，增加感性认识及了解异域文化。在把英语作为外语的学习（English as a foreign language，简称 EFL）之中，无论是从学习过程还是从学习目的来看，阅读都占据着一个举足轻重的地位。我国的《大学英语课程教学要求》

(2007)明确规定,培养学习者具有较强的阅读能力是大学英语教学的主要任务之一。可见,作为培养英语综合应用能力基础的阅读能力对语言水平的提升有着重要的意义,值得深入剖析。

从20世纪60年代迄今,诸多学者不断从心理学、心理语言学、认知心理学等学科中汲取营养,推出了影响各异的阅读模式,为学习者的阅读过程和阅读行为提供了各种理论基础和解释。然而,这些通过研究一语使用者得出的阅读模式是否适用于外语人群还颇有争议(柯达 Koda, 2005)。EFL人群的阅读过程是否与之类似,学习者选择某种阅读模式的比例,性别、英语级别对他们选择阅读模式的影响大小,不同阅读模式使用者阅读能力的高低等问题,都不能只停留在理论综述和感性推测的层面上,亟待相关实证研究结果的检验。

二、基于心理语言学的阅读模式

所谓阅读模式,是指"在阅读和理解(或误读)文本时读者的视觉和心理活动过程"(戴维斯 Davis, 1995)。从采用线性方式逐字逐句逐行解码作者构建的意义,到依据自己的先前知识或体验从上往下单向获取文本的主要信息,再到融自下而上和自上而下于一体的双向式会话,基于心理语言学的阅读模式经历了一个深入而细化的研究过程。在此期间,影响较大的阅读模式主要包括自下而上模式、自上而下模式和交互模式。

(一)自下而上阅读模式

1972年,高夫(Gough)依据前人的实验和模型,创立了基于文本（text-based）的自下而上阅读模式（bottom-up reading model）。在此模式下，阅读始于文字符号的视觉输入，终于文字语义信息的明确。文本被看作一连串需分别解码（decoding）的孤立单词，阅读被视为一个从较小的语言单位（音素、音节、词素、单词等）到更大的语言单位（词组、意群、句子、段落、篇章等）的有组织、有层次、递进式的感知和识别过程，是一个由低层次（感知）向高层次（认知）聚合而上的单向解码过程（卡莱尔Carrell，1998）。通过视觉储存、语言储存和语义储存三个子系统的串行处理，读者"按照字形、音位、句法和语义序列由小到大被动地解码"（奥尔德森Alderson，2000）。

自下而上阅读模式以文本为中心，强调文本本身对于信息的获取和加工的决定性作用，可确保学习者敏锐而精确地发现文本中呈现的新信息或与他们对内容和结构有悖的预测。然而，该模式把复杂的阅读过程机械地简化为个体对文字符号的认知和解码，忽略了很多其他的语境因素，导致的结果是学习者一味接受篇章提供的字面信息，孤立地研究和处理词义问题，只见树木，不见森林。

（二）自上而下阅读模式

针对自下而上模式显现的弊端，古德曼（Goodman，1996）提出了被他称作"心理语言猜谜游戏"（psycholinguistic guessing game）的阅读模式——自上而下阅读模式（top-down reading model）。在他看来，阅读实际上是一个感知性的心理语言学过程，是一种基于知识（knowledge-based）、以意义为驱动（concept-driven）的选择过程。在这一过程中，读者拥有自主选择权，积极主动地重构由作者编码的信息。在此模式下，阅读不再始于基本语言单位的解码，而是始于对文本的心理预期和推测，然后只需摄入足够的视觉符号加以检验即可（阿伦诺夫 Aronoff，2001）。学习者基于宏观的角度，从语篇的整体出发，从高端的信息入手，依据已有的知识和经验（如背景知识、图式知识、语义知识等），对即将输入的文本进行反复的猜测、验证或否定（巴尼特 Barnett，1990）。阅读不再被视作一个精确感知的系列加工过程，而是一个读者对文本进行积极的连续思维活动（如猜测、推断、假设、验证、确认、提炼、总结、修正或推翻等）。正如史密斯（Smith，1978）所言，"头脑告诉眼睛的比起眼睛告诉头脑的要重要得多"，即意义已经存在于读者的大脑，背景知识和经验的重要性远远超过了对文本本身的破译。语言各层次之间都存在冗余现象，读者可利用其他方面的非视觉信息来减少对语篇文字信息的依赖。

但是，这种模式的局限性也显而易见。它过于关注高端的非视觉信息（如背景知识）和高端的阅读策略（如通过语境线索预测意义），却忽视了词语识别、句法结构解析等低层次的阅读技巧。它视阅读为单一的纵向过程，虽然突出了读者的主体作用，却忽略了基本语言知识和技能的作用。

（三）交互阅读模式

由于自下而上模式和自上而下模式视信息传递方向为单向，对阅读过程的解释都有其局限性和片面性。1977 年，鲁姆哈特（Rumelhart）在自下而上的数据驱动加工模式（bottom – up data – driven model）和自上而下的概念驱动加工模式（top – down concept

-driven model)的基础上创立了第三种阅读模式——交互阅读模式（interactive reading model）。在他看来，阅读事实上是一个各层面语言知识（包括文字、词汇、句法和语义等）相互作用的非线性心理过程，它同时包含自下而上和自上而下两个流向，并最终在语篇层面上融为一体；不同等级层次的技能和信息相互作用、相互影响，共同制约着学习者对文本的解读。只有当通过自下而上加工获得的语言信息和通过自上而下加工获得的概念化预测兼容之后，读者才能彻底理解文本的真正意义（鲁姆哈特，1980）。可以说，阅读就是读者和文本之间的直接对话，阅读理解则是自下而上和自上而下元素共同作用的结果（利昂塔斯 Liontas，2002），无论是较低级别的识别加工技能，还是较高级别的理解诠释技能，都能对阅读行为的顺利发展发挥重要的作用（格拉贝 Grabe，1991）。

交互模式从理论层面上融合了自下而上和自上而下两种模式各自的优势，同时肯定了低层次快速解码能力和高层次认知过程对于阅读活动的重要作用；既肯定了读者本身具有的认知能力，也不摒弃词汇对信息传达的基础作用，故而对阅读过程更具解释力，能带来更为准确的意义理解（斯坦诺维奇 Stanovich，1980）。然而，该模式还是无法揭示阅读这个复杂心理认知过程的全貌，很多问题还有待于进一步的深入研究。

三、研究设计

本研究通过一项基于东北某高校非英语专业新生的量化研究，旨在了解学习者当前的阅读模式、阅读能力及它们之间的相关度，从而有助于学习者从本质上理解阅读过程，定位自身的阅读模式，明晰阅读模式选择与阅读能力之间的关系，从而采取有针对性的阅读策略，最终提升自己的语言综合能力。

具体说来，本研究想回答的问题有如下两个：

1. 中国学习者的英语阅读模式呈现何种分布形态；
2. 中国学习者喜好的英语阅读模式，和他们的英语阅读能力有何相关度。

（一）研究对象

本研究采用分层抽样法，试验对象是东北某高校 284 名非英语专业的大一新生。通过新生英语入学分级考试，他们被划分为一、二、三级（其中一级为普通班，二级为中级班，三级为高级班）。这些受试分别来自该校文法、管理、信息、资源与土木工程和材料与冶金等五个学院，涵盖文、管、工等多个学科，其中男生 176 人、女生 92 人。

（二）量具

本研究采集了包括调查问卷和新生入学分级考试阅读成绩在内的数据源。通过一项基于阅读策略的调查问卷，我们试图发现中国学习者的阅读模式类别，然后通过他们的入学分级考试阅读成绩，我们尝试探寻学习者的阅读模式与他们英语阅读能力之间的相关度。

我们在英语课堂下发了一份调查问卷，共回收 284 份，有效卷为 268 份，有效率达到 94.4%。其中，一级学生的有效卷为 89 份，二级学生的有效卷为96份，三级学生的有效卷为83份。调查问卷由本文作者设计开发（使用语言为汉语），共包含45个题项，归为两大类，一类针对自下而上阅读策略设计，包含20个题项（S1 - S20），另一类基于自上而下阅读策略设计，包含25个题项（S21 - S45）。所有45个题项均采用利克特五级量表计分。

该调查问卷基于戴维斯和比斯托多（Davis & Bistodeau, 1993）的标准加以设计开发。自下而上阅读策略的测量变量包括对于个体单词的关注、句内特征、重述和翻译等，而自上而下阅读策略的测量变量则包括预测、对预测内容的验证与修正、推理、先前知识、文本顺序、扫读（浏览）、质疑（评估、评论）参照、可视化和总结等。衡量学习者阅读能力的变量，采用的则是该校新生入学第一次英语分级考试阅读理解部分的成绩。

所有研究数据收集完毕，经手工输入计算机后，利用社会科学研究软件SPSS加以分析。

四、研究结果分析与讨论

考虑到调查问卷自行设计的性质，我们首先利用SPSS对其信度进行了测试。结果表明该调查问卷的整体Cronbach alpha系数为0.805，而每个题项的α值介于0.793和0.812，均达到了辛格等人（2004）设立的大于0.5且小于或等于1.0的标准。此外，我们还分别对自下而上阅读策略（前20个题项）和自上而下阅读策略（后25个题项）作了类别信度分析，结果表明自下而上阅读策略类别的α值为0.650，自上而下阅读策略类别的α值为0.877；高分组与低分组独立样本 t 值检验显示自下而上阅读策略类别的全部题项 p 值低于 0.01（分别为 0，0.006，0.007），自上而下阅读策略类别的全部题项 p 值均为 0，两者的 95% 置信区间值均不包含 0，这说明问卷中的所有题项都具有令人满意的区分度。因此可以得出结论，该调查问卷的信度完全达标，可作为量具加以使用。

（一）学习者的英语阅读模式分布

利用 SPSS 软件，我们分别计算了自下而上和自上而下阅读策略的均值，如果某个学习者的两个均值都高于 3 分（满分为 5 分），则被确定为交互阅读模式使用者，剩下的受试，如果自上而下均值高于自下而上得分，则被归入自上而下阅读模式使用者，反之则定为自下而上阅读模式使用者。结果表明：在 268 名学习者中，46 人可归为自下而上模式使用者，占总数的 17.2%，177 人可归入自上而下模式使用者，占总数的 66%，剩下的 45 人则定为交互模式使用者，占总数的 16.8%，也就是说大约 2/3 的学习者倾向于使用自上而下阅读模式，大约 1/6 的学习者倾向于自下而上模式，剩下的 1/6 则会选择交互模式。

从学习者的选择来看，自上而下模式较受学习者的青睐。这似乎说明，过于注重语言本身作用的自下而上模式，对阅读造成了片面理解的隐患，被外语水平较高的学习者逐步淘汰，而自上而下模式修正了前一种模式中存在的弊端，强调读者已有知识和语篇宏观结构分析的重要性，得到了大多数学习者的肯定和实践。然而，它毕竟还是一种单向处理的阅读方式，忽视了语言基本单位和基本知识对阅读的作用。部分学习者已经不满足于停留在单向的阅读加工方式之上，转而选择更为科学合理的交互模式。这种新型模式使阅读理论由单一走向综合，使阅读过程由单向走向双向，对高层次的思维推理能力和低层次的语言辨认能力加以综合，从而肯定了二者之间相辅相成的动态关系。当语言解码变为一种自觉的行为时，读者对意义的获取自然会变得更加得心应手。然而，这种转化颇具难度。鉴于交互模式对学习者的语言水平和策略使用能力要求较高，能归入此类的学习者依然偏少。从1/6的比例可知，这种模式的掌握还需要学习者的不断努力和提升。

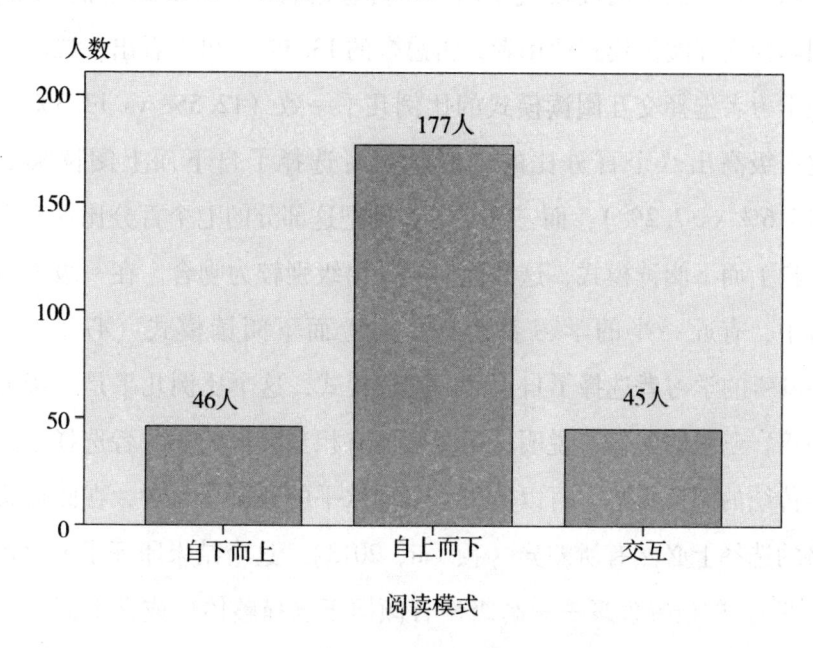

图11.1　学习者阅读模式的总体分布

（二）学习者的英语阅读模式与其英语阅读能力之间的相关性解析

基于英语级别的学习者阅读模式分析表明，在一级学习者之中，25 名可归为自下而上阅读模式使用者，占总数的 28.1%，42 名可归为自上而下阅读模式使用者，占总数的 47.2%，剩下的 22 名则归为交互阅读模式使用者，占总数的 24.7%；在二级学习者之中，15 名可归为自下而上阅读模式使用者，占总数的 15.6%，69 名可归为自上而下阅读模式使用者，占总数的 71.9%，剩下的 12 名则归为交互阅读模式使用者，占总数的 12.5%；在三级学习者之中，6 名可归为自下而上阅读模式使用者，占总数的 7.2%，66 名可归为自上而下阅读模式使用者，占总数的 79.5%，剩下的 11 名则归为交互阅读模式使用者，占总数的 13.3%。可以看出，二、三级学习者选择交互阅读模式的比例几乎一致（12.5% vs. 13.3%），比三级高出八个百分比的二级学习者选择了自下而上阅读模式（15.6% vs. 7.2%），而三级学习者则把这部分的七个百分比提升到了自上而下阅读模式，这和他们的外语级别较为吻合。在一级学习者中，有近一半的学习者选择了自上而下阅读模式（47.2%）；28.1% 的学习者选择了自下而上阅读模式，这个比例几乎是二级的两倍，三级的四倍，说明这个级别还有相当数量的学习者选择了较为传统的阅读模式。可以看出，不同水平的外语学习者，在阅读策略的选择上必然有所差异（赖 Lai，2013）。这个结果印证了卡莱尔（1989）的研究发现——高级读者倾向于选择整体性或自上而下的阅读策略，而水平较低的读者更喜欢局部或自下而上的阅读策略，更愿意把阅读看作是一个解码而非意义构建的过程（辛哈尔 Singhal，2001）。比较出乎意外的是选择交互阅读模式的一级学习者比例，差不多是二级和三级的比例之和，这需要我们做进一步的分析和解释。

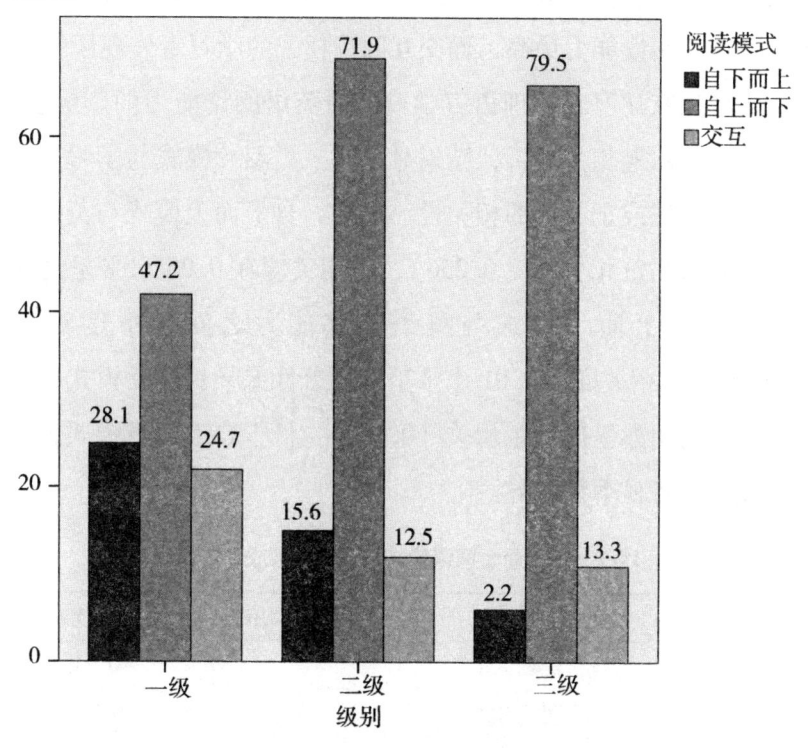

第十一章 大学英语学习者的阅读模式与阅读能力的相关度

图 11.2 基于英语级别的学习者阅读模式分布

依据描述性统计数据，我们发现：46 名自下而上阅读模式的学习者的分级阅读成绩平均为 25.4 分，标准差为 6.86 分，177 名自上而下阅读模式的学习者的分级阅读成绩平均为 29.2 分，标准差为 5.73 分，而 45 名交互阅读模式的学习者的分级阅读成绩平均为 27.7 分，标准差为 5.83 分。可以看出，自上而下阅读模式的学习者的分级阅读成绩最高，比交互阅读模式使用者高出了 1.5 分，比自下而上阅读模式的学习者高出了近 4 分。这正好验证了阿尔谢克（Alsheikh, 2011）的研究成果——外语学习者的阅读模式和他们的阅读能力呈一定相关性。在某种意义上，我们可以说自下而上阅读模式的学习者，其英语阅读能力较差，自上而下阅读模式的学习者，其英语阅读能力最高，而交互阅读模式的学习者表现居中。

为了探究学习者心理语言学模式对英语阅读能力的影响程度，我们做了皮尔逊相关分析，结果显示这三类阅读模式与学习者英语阅读能力呈现或正或负的相关性。其中，自下而上模式与英语阅读能力之间为弱负相关（-0.236），其相关度在0.05水平呈现显著性差异；自上而下模式与英语阅读能力之间呈中度正相关（0.327），其相关度在0.01水平呈现显著性差异；交互模式与英语阅读能力之间亦呈低度正相关（0.165），低于自上而下模式，但其相关度不具备显著性差异。

表11.1　自下而上阅读模式与分级阅读成绩的相关度

		自下而上均值	分级阅读成绩
自下而上均值	皮尔逊相关系数	1	-0.236*
	显著性（双尾）		0.019
	人数	46	46
分级阅读成绩	皮尔逊相关系数	-0.236*	1
	显著性（双尾）	0.019	
	人数	46	46

*．相关度在0.05水平呈现显著性差异（双尾）

表11.2　自上而下阅读模式与分级阅读成绩的相关度

		自上而下均值	分级阅读成绩
自上而下均值	皮尔逊相关系数	1	0.327**
	显著性（双尾）		0.007
	人数	177	177

续表

		自上而下均值	分级阅读成绩
分级阅读成绩	皮尔逊相关系数	0.327**	1
	显著性（双尾）	0.007	
	人数	177	177

**. 相关度在0.01水平呈现显著性差异（双尾）

表11.3 交互阅读模式与分级阅读成绩的相关度

		交互均值	分级阅读成绩
交互均值	皮尔逊相关系数	1	0.165
	显著性（双尾）		0.471
	人数	45	45
分级阅读成绩	皮尔逊相关系数	0.165	1
	显著性（双尾）	0.471	
	人数	45	45

在我们看来，由于长期受传统学习模式及思维模式的影响，语言基础相对薄弱的读者往往习惯性采取自下而上的阅读模式，将注意力集中在词汇、短语、句法等表层结构特征上，仍然停留在对字、词的独立解码上，这样容易造成理解的中断，无法形成对篇章脉络、主题和作者意图的宏观把握。显然，这一模式是读者和文本之间的单向沟通，偏重对书面文字符号提供的信息即视觉信息的接受，强调学习者通过解决字面语言上的障碍，即弄清词的意义、短语的意义和句子的意义来达到篇章的理解。然而，这种模式忽视了学习者固有知识对文本解读的影响，使读者陷入了被动接收的境地，纠结于细节，却忽略了整体，无法获得预期的语义内容，阅读

的交际目的被破坏，其后果就是学习者的阅读速度过慢，语篇分析能力欠缺，故而外语阅读能力偏差。本研究发现自下而上模式与英语阅读能力之间呈弱负相关性正好印证了这一点，即学习者越是青睐此种阅读模式，他们的阅读能力越差。

大约2/3的学习者，选择了与英语阅读能力呈中度正相关的自上而下模式，他们的阅读目的是为了获取文本的内容大意，阅读活动不再拘泥字词，而是放眼全篇。读者根据自己已有的知识体系，对文本事先进行预测和期望，然后在阅读过程中，对文本的篇章加以解码，逐渐证实和排除这种预测和期望。相比较自下而上阅读模式，自上而下阅读模式帮助学习者更好地了解和熟知英语文本谋篇布局的特点，帮助学习者先看到"森林"，然后再有意图地去寻找特定的"树木"，从而达到从上而下的阅读效果。另外，这部分学习者的阅读能力，应该还有继续上升的空间。如果能够尽快实现从自上而下模式到交互模式的转换，他们的阅读能力将得到有效提升。

交互模式使用者的阅读策略均值最低为3.02，最高为3.73，平均为3.35，阅读成绩平均值为27.7分，高于自下而上模式的25.4分，但低于自上而下模式的29.2分。该模式与阅读能力之间呈低度正相关，其原因可解释如下：交互模式使用者的比例只占到了全体受试的1/6，说明这种阅读模式对于学习者来说还是一个较高阶段，他们还需要努力才可达到。通过进一步分析不同级别交互模式使用者的阅读策略均值和分级阅读成绩均值，我们发现：一级选择交互模式的学习者阅读策略均值平均为3.15，二级为3.31，而三级则达到了3.43；三级交互阅读模式使用者在分级考试中的阅

<<< 第十一章　大学英语学习者的阅读模式与阅读能力的相关度

读成绩平均为34.2分，二级交互阅读模式使用者在分级考试中的阅读成绩平均为29.2分，而一级交互阅读模式使用者在分级考试中的阅读成绩平均分仅为23.7分。从理论层面来看，鲁姆哈特（1977）的交互模式虽然克服了线性模式的缺陷，却走到了另一个极端。各个语言层面、各种因素之间错综复杂的相互作用势必增加信息处理的强度和密度，减缓信息处理的速度和效率，对学习者的阅读质量造成挑战。可以说，部分被划为交互阅读模式的学习者（主要集中在一级学习者），由于受外语整体能力的约束，对此种阅读模式的掌握尚处于初级阶段，还没有达到熟练运用和平衡自下而上和自上而下模式的水平；他们还无法真正自由支配自下而上和自上而下这两种阅读模式，在具体的阅读过程中容易在两者之间徘徊波动，从而影响最终的阅读效果。相对于一、二级学习者，三级的优秀学习者知道在合适的时候自如地运用自下而上模式和自上而下模式，灵活地配合使用和平衡使用自下而上模式和自上而下模式。他们在所有的认知理解层面上能同步运用自上而下和自下而上的诸多技能，使阅读理解变得更为顺畅，故而能达到真正的交互式阅读，有效提升自己的英语阅读能力。

五、小结

随着心理语言学、认知心理学等学科的发展，人们已经认识到阅读是一个复杂的心理语言活动过程。阅读不仅要理解文字符号的表层结构，掌握词和句等语言单位的基础知识，而且要有效激活已有的背景知识和相关知识，去加工、联想和预测文本想要传递的信息，并对语义理解进行多元而复合的深层次重构。

  阅读是一个学习者积极寻找和构建意义的过程，是一个读者与作者、文本的对话过程。通过基于心理语言学模式的学习者英语阅读能力理论及实证研究，我们发现每一种模式都有其优缺点，均可为学习者的外语阅读提供可供借鉴的理论指导；对中国学习者英语阅读模式现状的分析，有利于从本质上理解阅读过程，明晰阅读模式喜好与阅读能力之间的关系，提出有针对性的阅读策略，并最终改善 EFL 的学习效用。

第十二章 大学生英语写作中的空主语负迁移

在本章中，作者基于乔姆斯基管约论和最简方案框架，对英汉空主语的差异现象进行了理论解析，并综述了国内有关汉语空主语特征对英语写作的迁移效应研究。基于东北某高校非英语专业83位学习者的作文语料，探究了中国大学生在英语写作中母语的空主语效应，结果发现乔姆斯基的参数与原则理论适用于对汉英空主语现象的解释，中国非英语专业的学习者随着学习年限的增长基本上能逐渐习得目标语的参数，并最终习失母语对外语的负迁移。

一、空主语的界定和研究意义

空语类（empty category）是指具有某些句法和语义功能但没有实际语音表现的语言成分，主要是根据抽象的句法结构形式来判断某个结构是否存在一个应出现而未出现的成分，如空主语（null subject，又称零主语）指句法常规结构位置中的主语没有显性出现。作为二语习得研究的一个重要语言现象（齐齐克 Zyzik，2008），早期的空主语研究主要是对比不同母语的人习得同种外语的难易度（如普拉特 Platt，1989 等），后来研究的重点则转移到考察主语是否具有可迁移性上（如利塞拉斯和迪亚兹 Liceras & Díaz，1999；拉克希曼 Lakshmanan，1994 等）。鉴于英汉两种语言的差异性，中国学习者在英语写作时能否规避母语的迁移效应，即母语在中介语的发展过程中能否逐渐习失，值得分析和探究。

二、英汉空主语差异现象的理论解析

作为英汉两种语言的差异之一，空主语现象引发了诸多学者的相关研究。基于乔姆斯基的管约论（1981），空主语参数（null-subject parameter）似乎可以用于解释这种差别。参数因语言间存在的语法差异而产生，其取值因语言的不同而改变。汉语属于代词省略型语言，允许不同语境下的空主语存在，即句子的主语可以不出现，取正值［+null subject］，而英语不属于空主语语言，在语法层面上要求主语必须显性存在，就算主语没有实质意义也要加上一个所谓的主语，即形式主语，取负值［-null subject］，不允许主语的空置。黄（Huang，1984）认为汉语是主语脱落（pro-drop）语言，乔姆斯基有关空语类的划分适用于汉语。武瑞丰（2008）从具体的现象入手，发现英汉两种语言存在不定式和定式的区别，英语中的不定式空主语在句法层面受到严格控制，而汉语中的不定式空主语则在逻辑层面上受到约束。宋秀平（2009）比较了英汉空主语在约束机制和所指方面的异同，同样发现汉英两种语言均存在定式和不定式的差异，只不过这种差异在英语中靠屈折元素决定，在汉语中则是取决于非词汇化的主话位置。熊丽（2008）采用了建立最小差异对的对比法和跨语言比较法，指出汉语空主语现象验证了乔姆斯基的普遍语法。

与之相左的是，许敏（2005）在普遍语法的理论框架下讨论了汉语的空主句现象，发现汉语空语类分布不均匀，空主语的存在仅为边缘现象，汉语不是主语脱落语言，乔姆斯基的空主语参数并不适用于汉语。鉴于管约论本身的局限性，帕克（Park，2004）在最简方案（minimalist program）框架内提出，某种语言是否允许空主语存在依赖于一致特征的可解释性（interpretability）；张帆（2011）依托最简方案分析得出，经济原则是空主语产生的最终动因；方环海、谭乡荣（2006）则基于最简方案、最简探索（MI）及层阶式派生（DP）的视角，从动词与空主语的隐性语义关系切入，发现含有空主语句子的显性特征是源于表层线性结构与深层语义结构之间的不一致。运用生成语言学的空范畴理论、题元理论和控制理论，杨婷（2014）对英汉两种语言的不定式句进行了分析，结果发现汉语中的不定式空主语在控制范围内要承担动词的外题元角色，且在满足语义逻辑的条件下可以和句中的成分共指，这验证了黄衍1992年提出的观点，即"汉语的空语类大都是语用意义上的空语类，而不是句法意义上的空语类"。

综合之前相关研究成果，我们不难发现英汉两种语言的空主语存在着明显的差异。王倩（2005）从意合和形合、主题显著和主语显著等维度探究了复合句空主语指代所反映的汉英语言思维特点上的差异,结果发现:英语重形合,而汉语重意合;英语"主语显著",而汉语则是"主题先显著"。徐亚丽(2013)通过比较英汉两种语言的空主语非对称分布,发现汉语中占据主语位置的成分相比英语更为丰富;汉语中存在双主语现象而英语没有;英语语言的句子封闭性要比汉语好;汉语中没有形式主语而英语中存在此类结构,这使得英语句子可以规避头重脚轻的问题,该研究进一步印证了英语重形合而汉语重意合的特征。

三、汉语空主语特征对英语写作的迁移效应

作为一个心理学概念,迁移(transfer)指学习过程中学习者已有的知识或技能会对新知识或新技能的获得产生影响。奥丁(Odlin,2003)把语言迁移界定为由目标语和以前所掌握的另一种语言之间的相似和差异所引起的影响。根据怀特(1985)的全迁移(full transfer)或部分介入理论(partial access),二语习得者的普遍语法大部分是不可及的,因此他们极有可能把一语知识迁移到二语的中介语中。而在孔(Kong,2007)看来,成人学习者在英语主语结构习得中不会重设参数,更容易发生一语空主语知识的迁移。

鉴于汉语中普遍存在的空主语和英文中有着严苛限制的空主语,对于母语为汉语的学生来说,汉语的空主语对其学习英语似乎应该有一定的迁移效应。林立红(2003)基于汉语零主语参数,讨论了高中生英语句法中的结构负迁移,结果发现高中生受汉语语言特征影响严重,经常将其直接转接到英语的句法结构之中;訾韦力

(2005)定性分析了非英语专业大学生英语写作中的典型错误语料，指出汉语主题结构（特别是主题链）是学习者中介语错误产生的主要诱因；陈朝虹（2010）对在校大学生进行了问卷调查和访谈，发现汉语的空主语现象对学生的英语学习起到了消极作用，学生可能借助中文句法来进行英语写作，出现主语缺失现象，这个结果和张惠霞、张肄晨（2013）的研究结论基本一致。此外，杨茜、赵芳（2014）对汉语母语者习得英语的空主语现象也进行了研究，指出英文写作出现的非法空主语句可能是受到学习者汉语的迁移或输入的影响。

四、中国大学生英语写作空主语迁移实证分析

埃利斯（1985）认为二语的习得会受到学习者一语的影响，且母语在二语习得中的影响通常是负面的。为了探究中国大学生在英语写作中母语的空主语迁移效应，研究者收集了东北某高校非英语专业83位学习者的作文语料。在大二第二学期的16周里，他们一共完成了九篇英语作文的写作，主题包括减肥、抢电子红包、同学相处之道、人生选择、灾难、手机低头一族、态度、金钱和野生动物保护等。

研究者借助SPSS软件对作文语料做了相关统计和分析。语料的英文字数总计12.6363万，句子总数9112个，存在空主语的句子数合计为283个，占比0.03，即学习者每写100个英文句子，会造出三个空主语句子。在83位学习者中，空主语为0的有十位，占比12%，空主语最大值为17个，占该学习者英语写作句子数的

15.9%。以九篇作文为统计单位,人均空主语数为3.41个,标准差为3.16,而每篇作文中出现空主语的数目均值为0.38个。

表12.1 全体学习者的空主语描述性统计

	人数	最小值	最大值	均值	标准差
空主语数	83	0	17	3.41	3.16

按照学习者的语言能力水平,我们把他们分成了三个级别(高、中、低),得到的相关描述性统计数字如下:

表12.2 基于语言能力水平的空主语描述性统计

	最小值		最大值		均值		标准差	
空主语数	高	0	高	8	高	3.17	高	2.92
	中	0	中	11	中	3.46	中	3.12
	低	0	低	17	低	3.98	低	3.46
每个句子空主语均值	高	0	高	0.07	高	0.03	高	0.03
	中	0	中	0.23	中	0.05	中	0.06
	低	0	低	0.69	低	0.08	低	0.13
每篇作文空主语均值	高	0	高	0.89	高	0.35	高	0.32
	中	0	中	1.22	中	0.39	中	0.33
	低	0	低	1.88	低	0.41	低	0.38
平均句长	高	10.93	高	25.1	高	15.6	高	3.65
	中	7.38	中	21.4	中	13.8	中	2.58
	低	9.72	低	14.8	低	11.3	低	1.86

在三个能力级别里，学习者空主语的最小值均为0，最大值分别为8、11和17，均值分别为3.17、3.46和3.98，这和研究者的预设基本相符。在本书作者看来，外语水平越高的中国大学生在写作英语时出现空主语的概率应该越低。表面上，这与林立红（2013）以高中生为受试的研究结果相左，但事实上，这是因为学习者在外语起始习得阶段（如中小学阶段）由于受母语主语参数的制约而倾向于省略主语，但随着英语水平的提高，最终他们也会习得目标语的参数，不再受到母语参数的制约。在曾辉（2001）看来，这种干扰持续时间并不长，设定正确的参数对二语学习者而言并不是一件非常难的事情。随着英语能力水平的提升，他们能输出越来越多与目标语一样的句子，即母语为汉语的学生在学习英语的过程中有可能逐渐习失母语对外语的负迁移（魏红梅，2008）。

我们同时利用SPSS软件，对学习者空主语数与学业成绩、每篇作文空主语均值与学业成绩、每个句子空主语均值与学业成绩进行了总体和组别层面的相关性分析，结果如下：

表12.3 基于全体学习者的相关性分析

总体层面	空主语数	每篇作文空主语均值	每个句子空主语均值
期末成绩 皮尔逊相关系数	0.111	0.124	0.117
双尾验证	0.318	0.264	0.293

表12.4 基于语言能力水平的相关性分析

级别层面		空主语数	每篇作文空主语均值	每个句子空主语均值
期末成绩 皮尔逊相关系数	高	0.046	0.044	0.057
	中	0.201	0.205	0.152
	低	0.373	0.378	0.335
双尾验证	高	0.861	0.867	0.828
	中	0.220	0.223	0.355
	低	0.055	0.052	0.087

我们发现，无论是在总体上，还是把学习者分为高、中、低级别分别统计，学习者空主语数与学业成绩、每篇作文空主语均值与学业成绩、每个句子空主语均值与学业成绩之间呈现弱—中正相关，但没有统计学上的显著意义。这说明，中国非英语专业大学生的英语能力水平和其写作中空主语的数量、频率有一定的关联，即学习者外语水平越高，造出英语空主语的可能性越低，但由于这种线性关系的不显著性，可以说汉语的空主语特征并没有对大学生的英语写作产生显著的负迁移效应。空主语参数在二语习得中完全可以重置，而中国英语学习者在大学一、二年级已经基本完成了对该参数的重设，并能逐步习失空主语。

五、小结

基于本研究的相关数据分析和讨论，我们发现乔姆斯基的参数与原则框架适用于对汉英空主语现象的解释。不同语言具有不同的参数设置，利用空主语参数分析英汉空主语机制较为合理。中国非英语专业的大学生在英语写作中对汉语中的空主语现象进行了有效的规避，他们创造的空主语句子数量远远低于研究者的预设，这说明学习者能在习得的中高级阶段掌握此类规则并有效降低语用错误的数量和频率。

参数设定需由输入语言所激发（菲尼 Phinney，1987）。如果能在英语教学过程中，有意增强学生的元语言意识，对比英汉语言特征的差异；强化正面理据（即目的语）的输入质量、数量和频率；对相关语法现象进行针对性的提示和纠正（负理据），都能加快英语句法结构参数的重新调整，减少汉语空主语现象对学习者英语写作的负迁移效应，并最终实现空主语的习失。

第十三章　基于课程教学要求的大学英语语言能力标准构建

在本章，作者阐述了构建中国大学英语语言能力标准的重要意义，梳理了过去60多年语言能力标准的发展阶段。从语言能力标准的视角，分析了《大学英语课程教学要求》中的教学性质和目标、教学要求、教学评估和学生英语能力自评（互评）表，指出了它在理论支撑、描述语使用和研制方法等方面存在的一些缺陷。基于此，作者提出了新形势下基于语料库、以实证数据驱动的中国大学英语能力量表的研制路线。

一、构建中国大学英语语言能力标准的意义

语言能力的研究与讨论，在语言学界与教育界已开展了半个多世纪，而有关语言能力的界定和教学目标的评价均要以能力标准作为衡量手段，所以构建能力标准的研究成了重要突破口和研究对象（杨惠中等，2007；方绪军等，2008）。

第十三章 基于课程教学要求的大学英语语言能力标准构建

能力标准乃标准中的标准，必须优先建立（龙伟华，2012）。语言能力标准，又称语言能力量表，是对外语学习者和使用者语言能力从低到高的一系列等级描述，是测量语言能力的一种标准、一个参考点、一个依据。外语能力标准是某一国家或地区在某一特定时期语言政策或教育政策的反映（斯波尔斯基，2004），是一个国家核心竞争力和软实力的真实体现。它贯穿于外语教学各个环节之中，是外语教学目标或评价目标的参照或依据（戴维斯等，1999），体现了语言学和教育学的最新发展。

外语语言能力标准的研制既是实现国家语言战略的重要手段和途径，同时也可以给国家带来直接或间接的经济利益（王笃勤，2010）。随着经济全球化和教育国际化的发展，中国已由"本土型国家"向"国际型国家"转变（李宇明，2010），急需构建一个科学的大学英语语言能力标准，促进语言教学和测试的相互交流，使语言教学组织更科学，语言测试更透明，使语言教学与测试的讨论具有共同的基础。对外语能力标准的描述与要求主要体现在不同阶段的课程标准、教学大纲、教学要求及考试大纲中。有关语言能力的描述要么语焉不详，要么仍局限于语言知识加语言技能的老套路之中。可以说，制定统一的大学生英语能力标准已经成为当前语言教学和测试领域共同的发展趋势。

在"一带一路"倡议背景下，我们应从更高的角度去全面规划推进外语能力建设。只有对外语教育进行科学的规划，与国家战略的目标保持一致，并随之进行灵活的改变和调整，才能实现外语教育对国家战略的有效服务（王银泉，2013）。然而，长期以来困扰我们的外语教育与社会实际需求严重脱节、广大外语学习者的应用能力低下、外语能力对我国对外传播能力乃至国际软实力竞争的严重制约等诸多问题尚未得到根本性的扭转和解决。在外语教育中存在"重语言,轻文化""重工具,轻人文""重西方,轻本土"的弊病(沈骑,2015),由此带来的负面影响是,培养出的人才仅能满足一般通用性语言沟通和交流,缺乏对于成功的外语学习而言十分重要的常识类和通识类背景知识,缺乏人文知识积淀和专业知识培养。而"一带一路"的建设对我国的语言服务能力提出了更高的要求,急需大量通晓他国语言、了解双方文化、即来即用的外语人才,而这些区域的外语语言能力水平高低,将直接影响到这项伟大事业的推进和可持续发展。准确定位并努力回应这些语言能力方面的服务需求,是语言领域及相关方面的责任,也是推动语言学科及相关事业快速发展的难得机遇。

二、语言能力标准的发展阶段

对应国内外 60 多年的语言能力研究,我们发现语言能力标准的研制大抵可分为三个阶段。

(一)结构主义能力标准——基于"本族语者"特征

始于 20 世纪 50 年代基于结构主义的语言能力标准以"受过良好教育的本族语者"作为特征参数,辅以语言知识作为描述指标(富尔彻 Fulcher,2003)。代表性的标准有美国 1955 年制定的《口语能力等级量表》(FSI,后演变为 1985 年针对军事用途正式颁布的《跨部门语言圆桌标准》(ILR))和澳大利亚于 1979 年开发的第二语言能力量表（1995年更名为《国际第二语言水平量表》(ISLPR)，1999年再次加以修订）。

（二）功能主义能力标准——基于"能做表述"特征

始于20世纪70年代基于功能主义的语言能力标准主要体现在以"能做表述"（can-do statements）方式描述语言使用者运用目标语能够做什么，即从语言交际活动入手，对不同语言环境中所进行的语言使用任务进行描述。代表性的标准包括美国的外语教学委员会语言能力标准（ACTFL）和欧洲在70年代先后颁布的"初始水平量表""进阶级教学要求"及"基础级教学要求"等。

（三）交际语言能力标准——基于"情境表现"特征

20世纪90年代成为主流的交际语言能力标准，关注学习者能够使用语言做什么，能够完成什么样的交际任务，强调在不同情境中学习者的真实表现（富尔彻和戴维森 Fulcher & Davidson, 2007）。代表性的标准包括美国于20世纪90年代制定的《21世纪外语学习标准》（1999年更名为《21世纪外语学习目标》）、加拿大于1996年正式颁布的《加拿大语言能力标准》（CLB）及欧盟的《欧洲语言共同参考框架：学习、教学与评估》（CEFR）。

三、《大学英语课程教学要求》在语言能力标准上存在的缺陷

2004年试行、2007年正式颁布的《大学英语课程教学要求》（以下简称《要求》）一共包含教学性质和目标、教学要求、课程

设置、教学模式、教学评估、教学管理等六个部分和基于计算机和课堂的英语教学模式、学生英语能力自评（互评表）两个附录。基于英语能力标准的视域，本研究对其中的教学性质和目标、教学要求、教学评估等三个部分和一个附录，即学生英语能力自评（互评表）做了定量、定性相结合的混合分析，发现了其在语言能力标准方面存在的一些缺陷。

（一）理论基础方面

我国大学英语教学大纲的制定经历了20世纪80年代初的结构主义大纲（1980年大纲）、功能主义大纲（1985年的工科和1986的文理科英语教学大纲）、交际语言能力大纲（1999年的统一英语教学大纲和2007年的《大学英语课程教学要求》）三个阶段。

依据巴克曼和帕尔默（2010）的语言能力观和交际语言能力模型，语言能力是多成分的，由一系列相互关联的具体能力和某个总体能力组成，涉及语言、修辞、社会、文化、心理等诸多因素，且这些成分不是相互分离，而是发生在社会文化情景、语言使用者和语篇之间的动态互动。纵观世界各国语言能力量表，有的用来描述学生语言学习目标，有的作为考试级别或定级尺度，有的则用来评定不同人员的语言水平。比如，我国面向基础教育的《英语课程标准》（2001）采用国际通用的分级方式，将英语课程目标按能力水平分为九个级别，旨在培养学生的语言技能、语言知识、情感态度、学习策略和文化意识等。又如，作为欧洲当代语言教育指南和语言教学及评测共同参照标准的CEFR把语言能力水平分为三等（初等、中等、高等）六级（A1、A2、B1、B2、C1、C2），对各个级别在听、说、读、写等方面的语言能力不仅有总体描述，同时还有关于语言能力不同方面的分级描述和不同语言行为情况下的能力分级。而《要求》更多地考虑了我国当前高等教育存在的学校层次和学校区位差异，为方便对全国高校大学英语教学的统一管理，将其简化为三个层次的要求，即一般要求、较高要求和更高要求。这三个层次是对群体学习者应达到的教学目标的描述，而非对个体学习者语言能力的反映，其作用主要是用于指导教材编写和测试评估（岑海兵、邹为诚，2011），对教学、学习以及测试与评价的参照性不够。可以说，它不是严格意义上的外语能力标准（韩宝成、常海潮，2011）——缺乏明晰的语言能力理论基础，只有对语言能力的分项描述，缺乏系统性的总体描述；能力描述参数过于简单，有的则是早期传统语言能力描述方式的继续和延伸，体现了结构主义语言学理论在语言教学中的应用，缺乏对学习者语言表现行为的实证研究的支持（岑海兵、邹为诚，2011），而且这些能力描述也无法与国外语言能力标准衔接（韩宝成、常海潮，2011）。

同时，《要求》在描述教学目标时，考虑更多的是语言学习的外部目标，即语言应用层面的目标，对语言能力水平的描述虽采用了"能做表述"方式，但对语言教育内部目标的描述较为单一简略，不够清晰翔实。相比之下，CEFR对教育的内在目标（内在素质或综合语言素质）极为重视，强调语言教育对学生的文化素养、认知结构、学习态度、思维能力、性格、情感、动机等方面带来的提升和发展，而不仅仅局限于语言知识、语言技能的提高。在分析《要求》给出的三个等级要求和能力自评/互评表之后，我们发现其对外语教育的核心问题"语言能力"的认识还不到位，仍停留在技能加知识的层面上,专注于学生通过各种语言技能完成交际任务的能力,正如《要求》在"教学性质与目标"中所指的"大学英语的教学目标是培养学生的英语综合应用能力,特别是听说能力,使他们在今后的学习、工作和社会交往中能用英语有效地进行交际,……"和在"教学评估"中所规定的"无论采用何种形式,都要充分考核学生使用语言进行交际的能力,尤其是听说能力……"一般、较高、更高这三个层次的教学要求都是围绕听、说、读、写、译和推荐词汇量而设定的,而包含在交际语言能力之中的策略能力,没有得到足够的重视——在一般要求中用了"运用基本的听力技巧""使用基本的会话策略""使用有效的阅读方法""掌握基本的写作技能"等相关字眼,在较高要求中仅对翻译部分提及"使用适当的翻译技巧",而在更高要求部分没有任何有关策略能力的陈述;与之形成对比的是,世界各国对外语教学中的学习策略问题给予了相当的重视,例如美国在《外语学习标准:准备迎接21世纪》中有这样的阐述:"外语学习标准对外语课堂教学内容提出更高要求,外语课程除语言和文化知识之外,还应该给学生更多的机会去探索,发现和使用交际策略、学习策略、批判思维能力和现代科学技术。"至于巴克曼交际语言能力模型三个组成部分之一的心理生理机制,三个要求均只字未提。模仿CEFR编制的"学生英语能力自评(互评)表"依据一般、较高和更高三个层次的要求加以描述,也是按照传统的听、说、读、写、译等离散式语言技能来加以评估,涉及策略能力的项目只占到了总数的9.85%(7/71),心理、生理机制部分同样被完全忽略。

(二) 描述语使用方面

诺斯（North, 2000）在研制 CEFR 时指出，很多语言能力标准中的描述语存在着严重影响量表科学性、准确性和实用性等缺陷，比如表意不清、冗长、相对性、相互依赖和否定式等。在总结以往语言标准经验教训的基础之上，CEFR 以活动为导向，关注语言学习者在特定的领域、环境和场景下作为社会行为者使用语言参加活动完成交际任务的能力；所有能力描述项目的陈述均采用肯定式；表述措辞简短、明晰；避免使用术语和行话（Council of Europe, 2001）。

《要求》对语言能力的表述主要使用完整的句式，采用"能做某事"的形式，然而，它对于语言能力的分项描述过于简单，在"确定性""独立性""一致性"和"语境游离性"等方面存在缺陷，缺乏应有的解释力，不能与国际权威性的能力标准相匹配（王笃勤，2008）。基于《要求》的语义分析，我们发现：在描述三个层次的英语能力要求时，使用了大量意义模糊的词语，在很大程度上影响了其准确性，导致描述语之间的独立性也大打折扣（详见表13.1中的划线文字部分）。

表 13.1 三个层次英语要求中使用的模糊语统计

	一般要求	较高要求	更高要求
听	一般性题材；语速较慢；基本的听力技巧	基本听懂（2次）；题材熟悉、篇幅较长；要点和相关细节	基本听懂；要点；正常语速

续表

	一般要求	较高要求	更高要求
说	某一主题；简短发言；比较清楚；基本正确；基本的会话策略	一般性话题；比较流利的会话；基本表达；基本陈述；基本正确	较为流利、准确地；一般或专业性话题；简练的语言；篇幅较长、有一定语言难度的
读	一般性题材；篇幅较长、难度略低；主要事实和有关细节；常见的应用文体；有效的阅读方法	基本读懂；大众性报纸杂志；一般性题材；篇幅较长、难度适中；主要事实和有关细节	有一定难度的；比较顺利地
写	一般性写作任务；常见的应用文；一般性话题或提纲；不少于；基本完整；基本的写作技能	基本上；一般性的主题；小论文；各种图表；不少于	简短的；比较自如地；不少于
译	约；基本准确；无重大的理解和语言表达错误	大众性报刊；题材熟悉的；约（2次）；错误较少；适当的翻译技巧	有一定难度的；约（2次）；基本无；较少

可能是受制于大学英语教学传统和教师教育的传统，《要求》里保留了部分对分项语言能力的定量描述，如一般要求和较高要求对听的技能描述分别为："能听懂英语授课，能听懂日常英语谈话和一般性题材的讲座，能听懂语速较慢（每分钟130~150词）的英语广播和电视节目"和"能听懂英语谈话和讲座，能基本听懂题材熟悉、篇幅较长的英语广播和电视节目，语速为每分钟150~180词"。这种突出数量，低估体裁、主题、难度的能力评估标准在大学英语教学中的可操作性究竟有多大，值得商榷。

我们还发现，自评（互评）表中的评估语言过于模糊和空泛（如使用了大量的程度词，详见表13.2的搜索词和频数），不具体，难把控，给实际的操作和应用带来困难，很难让学生对自己的语言能力做出一个准确的定位。

表13.2 自评/互评表中的模糊语统计

排序	搜索词	频数
1	…等	30
2	基本	20
3	较…	19
4	理解	16
5	一般	12
6	主要	7
6	要点	7
8	熟悉	7
9	约	6
10	掌握	5
11	稍	3
11	一定	3
11	相关	3
11	有关	3
11	日常	3
11	简要	3

续表

排序	搜索词	频数
11	简单	3
11	中等	3
11	快速	3
20	有效	2
20	不少于	2
20	简短	2
20	正常	2
24	常用	1
24	不同	1
24	比较	1
24	适中	1
24	适当	1
24	略	1
24	慢速	1

同时，在自评（互评）表中，一个题项里设计的参数或能力过多，严重违背了描述语的单维性（即除总说部分外，每条描述语只描述一个参数或一项能力）和简洁性原则。在总计71条描述语之中，真正做到单维性的，只有六条，仅占到总量的8.45%，其他的描述语，均描述了一个以上的参数或能力，使用了大量诸如"并""能……能……""或""和""及""如……"的描述语以及顿号、句号等标点符号。而且，因为没有为描述语赋值，学生在做自评或

互评时，面临着只能选择是或不是的尴尬处境。

此外，能力量表应该明确表达出每个等级上学习者能做之事，而不是不能胜任的任务，因此，量表应该遵循肯定性原则，描述语一律采用正向描述的方式，避免否定的表达式。在三个层次的教学要求和自评/互评表的翻译部分都使用了否定描述语，如"无重大的理解和语言错误""基本无错译、漏译"，这显然不合乎语言能力标准或量表的编制原则。

(三) 研制方法方面

《要求》虽声称以最新的国外语言能力观为指导，遵循了当前国际社会的外语能力标准建设原则，但主要还是基于研制者的经验和定性调查，研制方法不够科学，其级别的划分和各个级别的描述项目尚有待实证检验，仍然需要不断发展和完善。正如杨慧中(2007)所言，《要求》关于能力等级的说明主要是基于经验主义和相对主义，具有很大的任意性。相比之下，CEFR的研制采用了三种方法（直观判断、定性研究、量化研究），遵循了"全面、透明、一致"的编写原则，经历了4个阶段（搜集资料，分类整理，形成原始描述库；定性分析，划分能力级别；量化研究，评估学生，给出描述；形成标准），最终研制出一个包含50余个维度、280余条描述语的多等级语言能力量表。

语言能力自评/互评表是学生自我或互相评估语言能力的评价工具，具有广泛的实用价值，可以帮助学习者判断各自的语言水平，从而对进一步学习产生正面的影响。但是，能力标准必须建立在可靠性和有效性的基础之上，因而对所编制的量表进行质量检验是十分必要的（王佶旻，2013）。我们发现《要求》自评/互评表中的评估项目差异性较大（详见表13.3），比如阅读部分，一般要求的项目数达到了八条，是较高要求（五条）和更高要求（三条）的总和。如此差异性是基于何种考虑？如何给每个题项赋值？怎么让学生在做完选择之后确定自己的能力等级？可以说，这个量表不具备参照性，也没有可操作性。

表13.3 自评/互评表的评估项目数

	一般要求	较高要求	更高要求
听	6	4	4
说	6	5	5
读	8	5	3
写	6	5	4
译	4	4	2

相比之下，《中级汉语学习者语言能力自评量表》共设计了154条评估项目。听、说、读、写分项的评估项目数分别为47、50、34、23，远多于《要求》的14、16、16和15，并采用了利克特五级量表来采集数据，以方便学生在做量表时对每一条描述语和自己实际语言水平相符的程度加以评判。

四、基于实证语料能力标准的中国大学英语能力量表的研制

尽管国际上以CEFR为代表、被广泛认可的语言能力标准有完整而系统的分类、等级、目标和参数，但近年来也被批评缺少实证研究的支持（霍金斯和菲利波维奇 Hawkins & Filipovic，2012）。鉴于此，欧盟的学者正依据 CEFR 开展基于"剑桥学习者语料库"（CLC）跨学科的"英语档案库"（EP）研究，以期开发出更为具体的基于实证数据的语言参照水平描述（RLDs）（萨维尔和霍基 Saville & Hawkey，2010），从而使依据 EP 语言"标准特征"（criterial feature）的 CEFR 的实施更具操作性。由此可以看出，语言能力标准的研究已经从基于交际和功能（即关注本族语使用者和能做某事）的角度，发展为更加注重基于大规模实证数据的语言特征参数研究，更加关注学习者在使用语言时所呈现出的标准特征（戴维斯，2008）。

巴克曼和帕尔默（1996）的交际语言能力模型反映了应用语言学、心理语言学和教育学的研究成果，具有坚实而完备的理论基础，无论对语言教学还是语言测试都具有较强的参考和应用价值。故而我们在制定大学英语能力标准时，应以巴克曼为代表的当代交际语言能力模型为理论支撑，在此基础上加以研究和开发。也就是说，在制定中国大学英语能力标准时，应以交际语言能力观和模型为代表的先进理论作为指导，以交际语言能力和能力标准作为逻辑起点和终点，强调语言教学的内在和外在目标，突出语言的综合运用，注重量表的科学性、实用性和可操作性。正如王笃勤（2008）所言，为了满足教学和评价的需求，适应社会的发展，同时与国际接轨，有必要采纳国际权威性能力量表的构建方式，重新划分级别，采用科学化的方式构建大学英语能力标准。

随着《国家中长期教育改革和发展规划纲要（2010—2020

年)》和《关于"十二五"期间实施"高等学校本科教学质量与教学改革工程"的意见》(教高［2011］6号)的颁布与实施,对大学英语也有了新的要求(刘贵芹,2012)。构建中国英语能力标准,尤其是大学英语能力标准,已显得日益重要与迫切。在我们看来,基于语料库、以实证数据驱动的中国大学英语能力量表的研制可依据如下内容和步骤加以开展和实施:

1. 对结构主义、功能主义和交际语言能力标准进行文献梳理和系统文本分析后,搭建起关于语言能力的结构框架。采用"实践者认知法",把现有的语言能力分级标准及内容与国际流行的语言能力描述范畴进行比较分析,然后根据经验把材料进行整理,形成新的能力描述项目,建立描述语指标库,邀请专家和教师,对能力描述参数进行构念和级别归类(诺斯,2000),确定质化特征描述参数库。同时,应用语料库语言学、教育测量、自然语言处理和数据挖掘等多学科的理论与实践成果,建设基于学生真实语言表现的大学生英语输入与输出语料库,形成特征参数量化参数库(霍金斯和菲利波维奇,2012)。

2. 在应用语料库研制标准的过程之中,特征参数对于描述和界定语言学习者的水平尤为重要(巴克曼和帕尔默,2010)。基于英语语言能力标准库和大学生英语语料库,采用"贪心搜索"(布朗,2012)进行特征选择,利用"决策树法"(威滕 Witten,2011)进行参数确定,找出每一水平等级的标准特征,从而发展出基于国际通用的语言能力框架下更为具体的大学英语语言能力标准描述和特征参数。

3. 基于确定的特征参数,采用"详实描述法"(富尔彻,

2003）和"表现决策树法"（富尔彻、戴维森和肯普 Fulcher, Davidson & Kemp, 2011）研制语言能力标准。将标准初稿广泛征求意见，最终形成既能与国际语言能力标准在等级数目、等级标准和内容维度等方面具有参照解释作用，同时又具有中国学生特征参数的大学英语语言能力标准。在编制标准描述语的过程中，要在保证数量和质量的前提下，遵循肯定式、准确性、单维性、可读性、逻辑性、简洁性和独立性等编写原则，避免杨惠中等人（2007）所说的经验性、相对性和主观性等问题。

五、小结

语言能力由一系列相互关联的能力（如语法能力、文本能力和语用能力等）构成；语言能力标准的研制体现了不同时期人们对语言能力的认识，体现了语言教学理论及学习理论的最新发展。综上所述，语言能力标准主要基于结构主义、功能主义、交际语言和实证语料能力观，相应的标准研制也分别采用了"专家经验""实践者认知""学习者表现"和"语料库"等技术路线。国外对于语言能力标准的研究与实践，经历了从结构主义能力标准、功能主义能力标准和交际语言能力标准阶段，正向实证语料能力标准方向发展。国内对于语言能力标准的研制，目前尚处于交际语言能力标准阶段，还存在诸多缺陷，而开展基于大规模语料库探究语言能力的特征参数，则是语言能力标准研制的必然发展趋势。

开展基于语料库多学科交叉的中国大学英语学习者特征参数提

取的语言能力标准的研究，可丰富实证语料能力标准研制的理论框架；与基于CEFR的"英语档案库"标准特征研究保持同步，与国际语言能力标准相衔接，可保证良好的参照解释作用；为《要求》的进一步修订和中国研制一体化外语语言能力标准奠定基于实证数据的混合方法论基础，为大学英语教学的实施、教材的编写与教学评估提供基于大规模语料库的实证证据，并促进大规模语料库在大学英语教学和评估中的实际应用。

第十四章 基于需求分析的非语言专业硕士毕业生外语能力发展

在本章中,作者通过一项基于需求分析的调查问卷,分析了东北某高校近五年上百名硕士毕业生的外语能力现状、对外语教学的满意度以及对毕业母校外语教学的期望。根据学习需求和社会需求两个维度的研究结果,提出非英语专业研究生英语课程应从课程设置、教学内容、教学模式、测评与师资等方面进行改革。

一、需求分析的界定和意义

需求分析是指通过内省、访谈、观察和问卷等手段研究需求的技术和方法(陈冰冰,2009),通常可分为个人需求和社会需求两大类,其中的个人需求主要指学生目前的实际水平与其希望达到的水平之间的差距;社会需求主要指社会和用人单位对有关人员外语能力的需求(束定芳、华维芳,2009)。

需求分析对课程教学有着重要的意义,被认为是课程设计的前提（里奇特里奇、尚瑟雷尔 Richterich & Chancerel，1980）和基础（杜德利-埃文斯、圣约翰 Dudley-Evans & St. John，1997）。基于需求的外语教学分析，可为制定外语教育政策和设置外语课程、外语课程的内容、设计和实施、外语教学目的和教学方法的确定提供依据，为现有外语课程的检查和评估提供参考（束定芳，2004）。

二、国内基于需求分析的非英语专业硕士毕业生外语能力研究结果

社会需求和用人单位满意度是衡量应用型英语专业人才的重要指标，而根据用人单位对毕业生的反馈，可以更好地完善、调整课程设置（邱艳春，2014）。不考虑在实际工作中的使用情况及不同行业对英语的实际需求，会导致英语教学与实际需求脱节，难以培养出社会用人单位真正需要的人才（郝劲梅，2011）。通过文献阅读，笔者发现大多相关研究基于学习需求，且以在校生为主，很少有研究从社会需求角度来分析非外语专业硕士毕业生的外语能力，而在已有的研究中，主要聚焦于用人单位对研究生员工英语能力和各项技能的评价和需求，以及是否以证书判断应聘者的英语能力。

霍兴花（2017）调查发现大部分用人单位对研究生的英语能力持肯定态度，但其中只有一小部分认为通过四、六级的学生能完全满足单位工作需要。用人单位对通过四、六级的研究生的英语能力的满足程度从高到低依次为阅读能力、翻译能力、写作能力、听说能力。这说明用人单位对研究生的阅读翻译能力较为满意，但听说能力还不能很好地满足用人单位的要求。基于郝劲梅（2011）的研

究结果，用人单位对硕士员工的总体英语水平基本满意，但是距离用人单位的期望仍有一定的差距。其中，用人单位最满意的是研究生员工较强的阅读能力。英语演讲能力，即口语能力，则是用人单位对研究生员工最不满意的英语技能。邱艳春（2014）从社会需求角度的研究显示用人单位最看重的是人际沟通能力，其次是毕业生的英语水平。赵欣（2014）认为用人单位最为重视的是"专业知识与英语技能的结合"，即"复合型人才"。

对四六级证书的重视度是外语能力社会需求研究关注的重点之一。邱艳春（2014）调查发现大多数企业认为英语语言能力与各种英语考试级别证书有一定的关系，但不是绝对的。比起看重各类证书，用人单位更看重人际沟通能力。霍兴花（2017）调查得出绝大多数企业对四六级证书有要求，并默认大学生应该通过四级，研究生通过六级。但用人单位不只看重证书，也看重英语应用能力，其中口头交际能力是用人单位最看重也是最需要的能力。

基于以往文献，我们发现：现有的对非英语专业硕士毕业生的英语需求分析研究中，以一维的角度为主，即从学习者需求角度或社会需求角度单一的角度进行研究。然而，一味盲从学习者内在需求，忽视社会外部需求，会让英语教学滑向另一个极端，步入社会培训机构的后尘（蔡基刚，2012）。基于差距需求分析的英语课程建设，可以更好地满足学习者的学习需求，更好地契合社会对于毕业生的要求（赵雯、王勃然，2013）。通过学习者需求和社会需求之间的差距分析，找出两者之间的异同，可以更全面准确地发现非英语专业硕士毕业生英语能力上的不足，与用人单位要求之间的差距，并可对研究生英语课程体系提出有效的改革建议。鉴于此，本章基于学习者个人需求和社会需求，对社会对硕士毕业生外语能力的需求、毕业生外语能力现状、学习满意度和对未来英语学习的期望等维度加以综合考量，既有基于五级利克特量表的题项，也有获取具体信息的单选多选题项，还有开放式题项，以期获得更为全面科学的数据，得到更令人信服的结论。

三、调查问卷的设计与实施

基于外语整体能力和分项技能的测量维度，以及已有的需求分析调查问卷题项（李平，2018；王云秀、陆巧玲，2010；焦双静，2017），本文作者开发了一个基于需求分析的非语言专业硕士毕业生外语能力调查问卷初稿。通过"专家经验""实践者认知""学习者表现"等技术路线对相关题项进行了删减、修订和补充，以保证该问卷的内容效度，同时，研究者还做了预测，对个别有问题的题项进行了修订，并形成了包含37个题项的最终问卷。

在2019年3月，研究者在问卷星发布了基于社会需求的非语言专业硕士毕业生外语能力研究调查问卷，在东北某高校外国语学院研究生部教师的协助下，通过滚雪球形式征集受试在线答卷，在问卷设置期限内共收集到问卷107份，有效率为100%。

鉴于该问卷包含部分不能用五级利克特量表测量的题项，我们对合乎条件题项的受试作答利用SPSS进行了信度的测量，结果显示：该调查问卷的整体Cronbach alpha系数为0.773，达到了辛格等人（2004）设立的大于0.5且小于或等于1.0的标准。这说明问卷题项具有令人满意的区分度，该调查问卷的信度达标。

四、问卷结果分析与讨论

在接受调查问卷的 107 名硕士毕业生中，男性为 61 名，占 57%，女性为 46 名，占 43%。2018 年、2019 年毕业的人数分别为 37 人，各占 34.6%，2014—2017 年毕业的人数分别为 6、17、3 和 7 人。在他们就业的单位中，国企占 25.2%，私企占 20.6%，事业单位 11.2%，外企 4.7%，公务员 2.8%，自主创业 1%，其他占比 34.5%。

（一）硕士毕业生英语使用的社会需求

被问及硕士毕业后使用英语的主要目的，排名前五位的分别是阅读外文文献（69.2%）、继续深造（39.3%）、与他人沟通（36.4%）、翻译外文资料（33.6%）和外文写作（27.1%），这说明外语学习与他们的工作和未来生涯规划有较大的关联，而非毕业后外语就没有用武之地了。相反，为职务/职称晋升使用英语的比例不够，只占 22.4%，这可能与国家弱化职称英语考试有直接的关系。毕业生在工作中使用英语的频率达到"几乎总是"的占比 14%，"经常"占比 29.9%（这两项共占 43.9%），"有时"占 20.6%，"偶尔"占 16.8%，"几乎不用"只占 18.7%，这说明英语在实际工作中的作用不容小觑，语言学习在全球一体化的今天不仅仅是学生需要完成的一门课程，更多的是一个伴随终身的学科和工具。与之一致的是，在回答题项"您所在的单位或公司把外语能力作为对员工能力考核的重要指标之一"时，23.4% 的受试"非常赞成",33.6%"赞成",35.5%表示"一般","反对"和"强烈反对"仅占7.5%（该题项受试作答的均值为3.71分,满分为5分）;在回答题项"您认为英语能力对毕业生薪资收入、职位升迁、未来发展有重要影响"时,28%的受试"非常赞成",40.2%"赞成",27.1%表示"一般","反对"和"强烈反对"仅占4.7%（该题项受试作答的均值为3.91分,满分为5分）。可以说,社会对毕业生英语能力的需求很高,外语能力有优势的毕业生具有更好的发展前景。

就硕士毕业后主要用到的英语技能,排名第一、二的分别是阅读（68.2%）和口语（65.4%）,听力（46.7%）和翻译（42.6%）次之,写作排在最末（35.5%）。这与大多数在校硕士生把听力和口语作为前两位选择有所差异,究其原因,可能是受职场工作性质的具体需求影响。由于样本的数量和选样的局限性,来自外企、私企的受试数量很少,在一定程度上可能影响了调查结果。

（二）硕士毕业生英语能力现状

基于本次调查问卷的数据,我们发现研究生对自己的英语能力总体评价不高,17.5%的受试认为自己的英语"基本还给老师了",50.2%把自己的英语能力定位为"勉强生存级",21.3%认为自己的英语能保证"日常交流",仅8.2%的受试认为自己的外语达到了"学术交流"的水平,"几近母语"占比为2.8%。他们感到最吃力的英语技能依次为口语（51.4%）、听力（29%）、写作（8.4%）、翻译（6.6%）和阅读（4.7%）。可以看出,相比其他

<<< 第十四章 基于需求分析的非语言专业硕士毕业生外语能力发展

技能,口语和听力还是受试最为薄弱的环节(两者占比合计80.4%),而阅读能力一直以来都是中国学习者的强项,本结果也验证了这一点。

总体上,受试对自己的英语能力评价不高。在我们基于利克特五级量表对所有技能评价进行赋值计算后,发现各分项技能均分除了阅读(3.09分)之外,其他都没有超过3分(满分5分)。得分最高的为写作(2.65分),其次为笔译(2.52分)、听力(2.41分),得分最低的是口语(2.24分)和口译(2.19分)。听力和口语技能发展得不理想,究其原因,一方面是研究生考试自2006年起取消听力测试,直接导致研究生的英语听说能力迅速下降,甚至一些学生的听说能力接近于零,另一方面是伴随高校持续扩招以及就业形势的日益严峻,研究生入学门槛不断降低,导致录取学生的英语水平差异性也越来越大(侯桂杰,2016)。由于起点的降低,加之硕士阶段英语学时的削减,硕士毕业生的英语水平没有达到社会的需求和期望,他们听、说、读、写、译各项技能都有所欠缺,听说能力尤甚。

表14.1 受试对各项英语技能的自我评价

英语分项能力自我评价	均值	标准差
英语阅读	3.09	0.885
英语写作	2.65	0.855
英语笔译	2.52	0.851
英语听力	2.41	0.911
英语口语	2.24	0.867
英语口译	2.19	0.973

（三）学习者需求与社会需求之间的差距

基于学习者需求和社会需求的数据分析，我们发现：非英语专业硕士毕业生外语能力现状与用人单位对雇员英语水平需求之间存在较大差距。在听、说、读、写、译五项英语技能中，大部分毕业生阅读能力最好，听力口语较差。然而，用人单位对研究生最擅长的阅读能力已经很满意，很少会再有更高的要求，据霍兴花（2017）的问卷调查发现，用人单位对研究生英语能力要求按需求程度高低排序依次为口头交际能力、口笔头翻译能力、阅读能力、写作能力。用人单位更重视英语运用能力，尤其是在英语听力和口语交流能力。毕业生最薄弱的口语技能却正是用人单位最重视的，这是值得我们反思的。针对研究生听说能力较弱的情况，应适时增加听力口语课，减少综合英语课（王云秀、陆巧玲，2010），毕竟研究生的英语学习需求与大学英语学习阶段的需求有所不同，他们更需要提高的是对英语的实际应用能力，主要体现为听说能力以及"利用英语为其专业发展服务的能力"（邓长慧，2009）。

（四）毕业生对母校硕士英语教学的期望

问卷最后的开放题旨在让毕业生紧密围绕行业和用人单位对英语技能的要求，针对母校硕士阶段的英语教学提出具体意见和建议。对学习者的文本加以分析后，我们发现，他们最希望做出改变的是课程设置，这与他们对已有课程设置的满意度在 9 个维度中得分最低是一致的。受试希望外语课时和学分应适当增加，因为"英语对未来发展非常重要"；英语教学对未来的企业和工作要更有针对性，要么就针对学术英语，要么就针对商务英语；应多设置听说课程，切实锻炼学生的口语能力、跨文化交际能力，因为"工作以后发现社会主要还是以交流用的口语和听力为主"，可以说有亲身体验的毕业生已经意识到英语听说技能在日常工作学习中的重要性，不能满足于"聋子英语"和"哑巴英语"。其次，他们在教学内容上建议更加贴近现实，更为实用，强调知识向能力的转化，注意英语与专业知识的结合，且更具趣味性。在考试测评方面，希望考试形式能更加多样化，贴近实用性；重点放在平时考核，并且结合专业英语文献的掌握度考核，而非期末考试的终结性考核；要增加英语口语考核项目。在教学模式和手段上，他们希望"以学习者为中心"，选取未来实际工作中经常使用到的内容或运用真实的工作场景让学生实操练习；应设计更多的教师与学生互动、学生与学生互动的环节，实现在实践中学习的效应。在师资方面，他们则希望能增加外教比重，以增加地道语言的输入和语境的创设。

五、小结

在课程改革中，应注重对学生心理和实际需求的及时关注与反馈（赵欣，2014），要以社会需求为导向，更好契合学习者和社会用人单位的需求。基于需求的多维分析可以明晰社会对硕士毕业生的外语能力需求、硕士毕业生的外语能力现状和对硕士阶段外语教学的建议，通过改良课程设置、丰富教学内容、提供优质资源、改革教学方式、优化师资队伍等路径，培养出新时代社会所需的高质量、高水准人才。

第十五章　基于动态系统理论的儿童外语能力发展模型建构

在本章中，作者通过分析现有二语习得模式的局限性和论证动态系统理论与二语习得的匹配性，在充分吸纳二语习得、认知语言学、心理语言学、社会语言学、教育语言学等领域最新成果的基础上，全面而系统地集成影响儿童外语能力发展的因素，尝试构建了一个融学习者子系统、语言子系统和环境子系统于一体的儿童外语发展模型，有助于我们从宏观视域审视子系统之间和子系统内部各因素的交互作用，更好地解析多维度互动的外语能力发展过程。

一、儿童二语能力发展机制研究的现状

年龄效应是与认识人类语言本质密切相关的科学问题（李甦、杨玉芳，2016），也是二语习得研究领域最重要、最受关注的问题之一。在我国，二语教育已呈低龄化态势，不论学术界发出何种声音，广大家长似乎对二语能力发展的年龄效应深信不疑，让小孩在

牙牙学语时就接触 ABC 的想法和做法并不少见（马拯，2013）。

儿童二语能力受哪些因素影响，直接决定了他们未来二语能力的发展上限。与二语能力发展相关的因素研究不仅是二语习得领域的理论问题，也是涉及语言规划、教育改革、国民素质教育等方面的现实问题。虽然儿童二语习得理论和实践已成为国外语言习得研究和二语教学领域的热点话题，但国内现有的研究较少关注儿童的二语能力发展机制和过程（语音除外），有关儿童二语教育的研究整体上落后于实践。

二、现有二语习得模式的局限性

语言的物质属性及其承载文化的功能决定了二语习得过程的复杂性与多维度，也就决定了认识视角和研究问题的多样性（戴曼纯，2010）。国际上主流的二语习得模式，如克拉申的监控模式（1982）、斯特恩的二语习得综合模式（1983）、加德纳的社会教育模式（Gardner, 1985）、斯波尔斯基的通用模式（1989）、埃利斯的二语习得解释框架（1994）、加斯和塞林格的学习过程模式（Gass & Selinker, 2008），通过纳入不同的因素来研究二语习得的机制和效果。这些模式考量了不同维度的各类因素，各有其侧重点，例如，克拉申（1982）、斯特恩（1983）和加德纳（1985）构建的模式注重二语习得的教育属性，并没有包含语言因素。然而，现有模式或多或少存在两个方面的不足：一是在某个研究范式下过于强调二语习得的某些因素，而忽略了其他的因素，表现为注重探寻变量之间的线性因果关系，其结果可能是使本来复杂的研究简单化；二是对多因素的交互作用考虑不够。各种因素之间或者互相合作或者互相影响，它们与二语习得结果之间的关系可能是线性的，也可能是非线性的，而我们在模式建构时似乎倾向于把这些交互关系加以忽略。可以说，传统的二语习得研究者基于简化论（reductionism）观点，强调群体性语言发展态势，基于均值分析基础做量化研究，旨在突显群体趋势，从宏观层面刻画语言的发展过程，试图通过将研究对象拆解成不同的组成部分加以观察而获得对整体的认识，更关注与研究目的相关性较大的核心变量，对边缘变量的处理较为主观随意，其科学性和可靠性存在不足。而且，他们或多或少把学习者语言的发展描绘成以渐变连续的步骤、从零到近似母语的线性发展（德博特 de Bot et al., 2005），采取的解释路径是传统科学的孤立因素之间的线性因果关系，其结果可能是研究纬度过于单一化，反映个体语言发展的真实轨迹被掩盖。

就二语习得的年龄效应来说，年龄和二语（外语）学习成功之间的关联一直未有定论，这种研究结论的不确定性部分原因在于数据解读中的模糊性和因果关系的简单化。年龄因素可能在一定程度上影响着语言能力的发展，但对二语习得的解释力较为有限，它和学习效果之间并非存在一种简单的直接的线性关系，学者进行研究时应当重视年龄、二语能力和其他因素的交互作用。以往有关年龄效应的研究多从神经生理学、社会心理学、认知等角度来解释二语习得中年龄的差异（文秋芳，2010），大都把一个变量作为可以独立于其他变量和学习语境的实体，而没有考虑变量之间的互动关系，而在外语情境下与年龄因素发生潜在作用的其他因素的研究较为缺失，导致片面夸大了年龄对于儿童外语学习发展的作用。

<<< 第十五章　基于动态系统理论的儿童外语能力发展模型建构

在我们看来，年龄与二语能力发展呈现的所谓线性关系并不是因为二者存在密切的因果关系，而是年龄作为一种控制参数影响了学习者利用各种资源的效率与效果。近年来，在有关年龄和学习者二语能力发展的研究中，研究者往往会从二语水平、学习时长、语言输入质与量、语言迁移等因素来探究和诠释学习者的语言学习，得到的结论似乎更为全面和合理。

三、动态系统理论和二语习得的匹配性

作为20世纪50年代兴起的新思维范式的代表之一，动态系统理论（dynamic systems theory，简称 DST）发端于自然科学领域。拉尔森－弗里曼（1997）注意到传统二语习得研究存在的问题，将动态系统理论引入其中，并将其作为二语习得研究的统摄性理论，应用语言学领域由此在进入21世纪后经历了研究范式的重大转变。多涅伊（Dornyei，2009）认为，在解释二语习得时，动态的视角比将各种因素分割和简单的线性归因的传统理念更为有效；范盖特（van Geert，2008）也指出，如果我们想超越特征或变量之间静止的、结构上的关系，并希望理解个体在发展和学习上的机制，动态系统途径的理解是一个关键。

动态系统理论是"根据一些规则随着时间推移逐步演化的数字状态系统"（范盖尔德和波特 van Gelder & Port，1995），呈现动态、复杂、非线性、混沌、不可预测、初始状态敏感、开放、自组织、反馈敏感和自适应等主要特征。在此视域下，系统随时间不断发展变化，是相互作用的变量集，各个具有异质性的组成部分（子系统

和要素）完全关联、互相影响、相互依存，一个变量的变化会影响到系统中其他所有的变量（德博特，2008）。

我们认为，动态系统理论与二语习得之间有着诸多惊人的相似之处。虽然语言可以被概念化为范式的聚合和组合的单元，把语言看作一个动态系统的观点是有理据的，完全符合动态系统的界定原则。动态系具有的动态性、非线性、开放性、自组织性和互动性等特征颠覆了传统意义上的语言理论、假设、数据、分析与方法，其价值不容忽视；对此，韩礼德（2007）也认为"这个视角很有用，既能在特定的时间内捕捉到一种现象（概括的），同时也可以梳理出一种现象（动态）铺陈的过程"。它摒弃了传统的预测方法，把二语习得的研究视角从语言回归到以发展为特征的学习者行为上，有助于我们发现和构建真实的语言发展模式，洞悉二语发展的实质。

四、动态系统理论视域下的儿童外语发展模型

在过去的十年里，国内的动态系统理论研究已经覆盖了语言能力发展、二语习得模式、学习者个体差异、语言磨蚀、语言学习环境、语言测试、需求分析、学习动机等方面，但还存在研究重点不突出，研究不聚焦等不足。基于国内现有的相关文献，我们发现二语习得总系统研究只占到很小的一个比例（如戴运财，2012；韦晓保，2012），且基本停留在学理论证上。其他研究要么孤立研究二语习得的某个子系统，要么关注单个子系统内部的一个或数个所谓的核心因素，不同子系统之间的互动和关联增长方面的研究严重匮

乏，这势必削弱了研究的系统性。

　　影响儿童外语能力发展的因素相互连接，分别考察并不能取得预期效果，应摈弃现有的模块化观点，采用更为全局和整体的视角进行统领研究，而动态系统理论研究或可为学界开拓新思路，提供一个有价值的跨学科主题以及指导具体实证研究工作的一般性原则（拉尔森－弗里曼，2012）。动态系统理论是一种重要的成熟理论，因为它汇集了在语言、学习和使用的复杂系统中相互作用的诸多因素，语言被看成是一个过程而非产品，是一个通过个体和他的环境的交互过程。在该理论视角下，传统的二语习得（SLA）提法转而被二语发展（SLD）所取代，鉴于此，本章试图构建的是儿童外语能力发展模型，而非外语习得模型。

　　外语能力发展的机制和效果受制于一系列的因素，不是某一个因素而是诸多因素之间的交互对外语学习成就产生深远的影响。拉尔森－弗里曼（2002）指出在动态系统理论视域下，社会和个人认知维度应相互结合，呈现一体两面的关系。从宏观和微观上，要把握和处理好"语言与环境、语言与个体、环境与个体"三大动态的、非线性的关系，否则就容易陷入传统二语习得社会维度和认知维度各自为营的境地，从而无法对二语习得的结果提供充分的解释。我们依据多涅伊（2009）主张的动态系统理论研究三大原则和拉森－弗里曼和卡梅伦（Larsen-Freeman & Cameron, 2008）提出的动态系统理论五步建模法，在充分吸纳二语习得、认知语言学、心理语言学、社会语言学、教育语言学等领域最新成果的基础上，全面而系统地集成影响儿童外语能力发展的因素，尝试构建了一个融学习者子系统、语言子系统和环境子系统于一体的儿童外语发展模型（见图 15.1）。

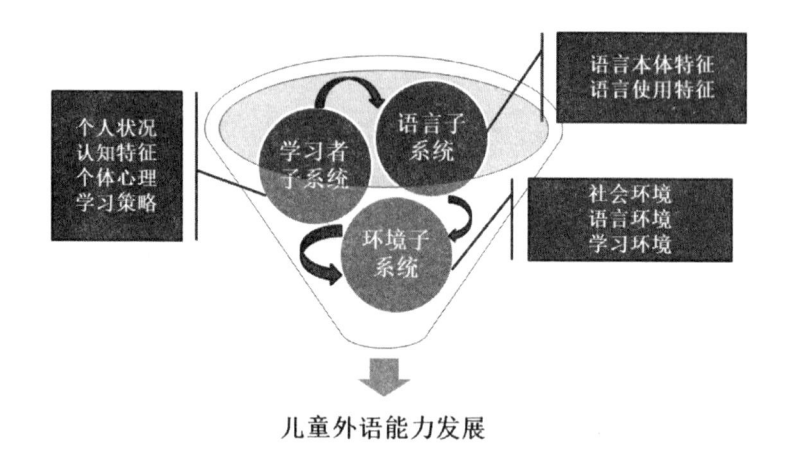

图 15.1　动态系统理论视域下的儿童外语能力发展模型

以往的二语习得研究习惯于把语言学习过程分解成各个组件，如学习者因素、课堂变量和语言问题，这忽略了语言的总体系统性和子系统的相互关联性。我们认为，语言是一个动态的、不断发生变化的系统，内嵌包括学习者、语言和环境在内的诸多子系统。

1. 学习者子系统：从动态系统理论视角来看，学习者子系统包含许多相互作用、相互影响的因素综合体——个人状况（年龄、性别、母语等）；认知特征（意向性、动机、认知风格、注意力、认知能力、智力、母语和二语知识、工作记忆、学能等）；个体心理（性格、态度、兴趣、焦虑、学习风格、个人喜好等）和学习策略（元认知策略、认知策略、情感策略等）。

2. 语言子系统：动态系统理论框架下的语言发展离不开对学习者母语和外语语言特征的分析，否则构建的模式势必失之偏颇。语言子系统包括语言本体特征，如语言类型、语言谱系距离、跨语言的共性、语言标记性（显著性）、语言原型性（典型性）、语言难度等，以及语言使用特征，如母语与外语熟练水平、外语输入与交互的数量及质量、语言任务类型、外语输入的频率与强度、接触外语的时长、交际场景的正式程度等。

3. 环境子系统：在动态系统理论看来，语言发展是实时发生的，并且高度依赖于环境，也就是说环境不再是背景因素，而是融合为系统自身的一部分（王涛，2011），通过物理、社会、认知和文化所反映出的语境因子的参数变化来显示其与系统之间的关系。环境子系统包括社会环境（文化观念、社会的开放程度、接触和学习外语的机会、与老师和同学的社会交往密度、受教育的程度、地理位置、社会对外语学习的态度、语言政策、社会经济状况等）、语言环境（单语或双语环境、二语习得或外语学习环境等）和学习环境（自然环境下的外语学习与课堂环境下的语言学习，如最初学习外语的师资、学习者之间的交流、互动与反馈以及师生之间的互动、反馈与评估、资源、课内与课外学习资源获取的路径与分配；注重形式的学习与注重意义的学习等）。

在语言动态系统中，语言子系统是本体，学习者子系统作为主体，通过与不再是背景行为的环境子系统的互动和内部的自我重组，实时促进外语能力的发展。这三个子系统之间的平衡意味着顺畅的、对变化不断顺应的过程。在子系统之间以及各子系统内部，变化和个体变异比比皆是，某个特定时间点上一个很小的力量可能会产生巨大的影响（蝴蝶效应），而在另一个时间点上更强的力量可能从长期来看并不会产生太大的影响。以儿童学习外语的初始年龄为例，小学外语教学的投入或许值得，但前提是任课教师本身就是本族语者或其语言能力与本族语者相当,可以说学习者接触的第一位英语老师的水平,显得尤为重要(王蓓蕾,2003)。

当然,我们构建的儿童外语能力发展模型还只是一个未经实证研究验证的理论架构。基于本模型,未来研究可通过建立密集语料库,采用时间序列分析等方法来探究哪些子系统是其他子系统的先驱,哪些影响因素是关联的增长体。同时,考虑到与认知、社会和环境因素的强交互,未来研究势必要借助计算机模拟,通过模拟结果和真实数据的比较分析理论模型与观察数据的拟合程度,推断出各个变量是如何随时间维度而交互作用的,检验并给出经修正完善后的儿童外语能力发展模型。

五、小结

动态系统理论所倡导的整合性思维方式超越了传统的简化论,为长久以来的认知与社会之辩搭建了一座桥梁,为未来的语言学研究提供了新思路。该理论视角与二语习得的融合成了新的跨学科界面研究,有助于我们从外语发展的宏观系统来重视环境、学习者、语言等子系统的交互作用,更好地解析语言的多维度互动发展过程。

在动态系统理论视角下开展中国语境下儿童外语能力发展模型的建构研究,系统的波动发展、全面连接、复杂互动和人类固有的认知—动机—情感的三元结构均可涵盖其中,符合我国当今外语教学兼具"人文性"与"工具性"的趋势。为此,我们尝试构建了一个儿童外语能力发展模型,既能反映出制约外语能力发展的关键要素，又能体现出这些要素之间的动态互动关系。外语教育政策制定者可以整体系统为出发点，综合考量各类影响因素，制定出学习者、家长、学校、社会、政府等认可的区域性语言教育政策，而外语教育工作者则要善于提取最主要的影响因素，灵活运用各组变量以及组内变量之间的补偿策略来促进儿童的外语能力发展。

第十六章　动态系统理论视域下的中国外语教育：反思与展望

在本章中，作者通过对动态系统理论的十个主要特征加以归类，在归类的基础上，依据教学维度反思了我国外语教育存在的一些问题，并对我国的外语教育进行了展望。在未来，应以时间变量为核心，把二语习得的研究视角从语言回归到以发展为特征的学习者行为上。

一、动态系统理论对二语习得的介入

由于动态系统理论和二语习得存在诸多相似性，近十年来运用动态系统理论进行二语习得和外语学习研究已经成为应用语言学领域的一种新趋势。从拉尔森－弗里曼（1997）主张将动态系统理论作为二语习得研究的统摄性理论，到她提出语言的社会维度和认知维度是一体两面、合二为一关系的观点（拉尔森－弗里曼，2002），到赫迪娜和杰斯纳（Herdina & Jessner，2002）基于动态系统理论

<<< 第十六章　动态系统理论视域下的中国外语教育：反思与展望

的多语模型的构建，再到德博特等人（2007）将动态系统理论应用于二语发展以及多语言加工研究和方法的阐述，越来越多的学者发现了将动态系统理论嫁接到应用语言学研究的可能性和必要性，研究成果也随之不断丰富和发展。

如何将源于自然科学领域的动态系统理论运用到我国二语习得研究和外语教学实践，需要研究者付出更多的努力。我国学者对动态系统理论在应用语言学领域的研究起步较晚，从2008年沈昌洪、吕敏将该理论推介到国内，自此已过去了十年，动态系统理论得到了越来越多国内学者（如王涛，2011；李兰霞，2011；戴运财、王同顺，2012；郑咏滟，2014，2015；詹先君，2018）的关注，研究内容和涉及的领域日渐丰富。然而，在该理论视域下，对于我国外语教育实践存在的问题思考，则很少涉及。鉴于此，本书作者尝试将动态系统理论的主要特征加以归类，在归类的基础上依据教学维度（如目标、资源、师生互动、模式、评价、环境等）阐述我国外语教育存在的一些问题，并对我国未来的外语教育加以展望。

二、动态系统理论视域下中国外语教育的问题

动态系统的主要特征包括动态、复杂、非线性、混沌、不可预测、初始状态敏感、开放、自组织、反馈敏感和自适应等。被视为动态系统典型代表的语言自然具备以上特征，在我国的语言教育中势必要对它们加以考量，并对教学实践进行指导和反思。依据这十大特征的关联度和逻辑性，本书作者将它们分为三类，并在此基础上对我国外语教育存在的一些问题加以反思。

（一）复杂、动态、混沌、开放特征与我国的外语教育

在动态系统中，大系统嵌套着子系统，每一个系统总是另一个系统的一部分（王初明，2008）。这些贯穿于语言发展各个阶段的子系统相互影响、相互作用，因而是复杂的。系统中各个具有异质性的组成部分随时间发生共时和历时的变化，因而是动态的。变化不再被视为噪音，而是作为一个动态系统的固有属性。语言系统不断地发展变化，从一种行为模式转变为另一种模式，在混沌之间徘徊。而且，语言系统具有开放性，不能独立于外部环境而存在。系统内部和外部之间并不存在严格的界限，语境不再是背景因素，而是融合为系统自身的一部分，变化成为自身发展不可或缺的要素。

由于动态系统的复杂性、动态性、混沌和开放特征，变异性成了二语习得和外语学习的核心内容。这种变异性不仅产生于和周围环境的互动，而且还来自个体学习者自身；环境并非影响行为的独立因素，个体学习者也可以能动地改变和建构环境。学习者和环境不断相互影响、相互建构，共同产生可观察到的变异性。故此，群体呈现出的模式和规律在个体层面上通常不成立。每一个发展中的认知系统都受到有限资源的制约，如记忆力、注意力、动机等等。不同的学习者遵循着不同的二语习得路径，尽管这些路径也是有其模式的（拉尔森-弗里曼，2006）。然而，由于教学班型、教学理念等方面的局限，我国的外语教师往往只能关注所谓的共性问题和核心因素，希望千人一面，一种教学模式可通用于所有学习者，导致更为微妙的个体差异被忽视，最需要帮助的学生被边缘化，因材施教成了一句空话。

第十六章 动态系统理论视域下的中国外语教育：反思与展望

受国外理论、模式、实践的影响，我国外语教师多数还停留在二语习得的层面，不熟悉基于动态系统理论的"二语发展"核心概念。语言习得是一种结果，而语言发展是一个过程。人们通过使用语言使其不断发生改变，任何时候的语言都是它被使用的方式，任何语言的使用都会改变语言。现实的情况是：虽然国外已有的二语习得模式数量众多，各有侧重，却存在诸多问题，尤其是试图通过对其部分的研究来了解整体的行为，不能很好地捕捉到语言在使用中的动态和变化，显现出个体、静态、孤立的局限性。大量借鉴二语习得理论用于我国外语教育的结果是：教师把外语看作是一种习得并因此拥有的静态商品，习惯于在课堂照本宣科，教授所谓"最终状态"的词汇、语法等，所以才会时至今日还在让学生学习在英语本族语国家已过时的"How are you?"——"Fine, thank you. And you?"同时，把二语习得的理论直接用于外语教学研究和实践之中，往往是在二语习得的基础上简单加上一个环境变量，这等于弱化了语境这个子系统的重要作用。从动态系统理论的角度来看，环境是系统的一个组成部分，融合在这个大系统之中，它不再是外加的一个变量，不再是简单叠加的关系。

很多外语教师受传统简化论的影响，希望通过把整体分解为部分，对各部分分别分析后来了解整体状况或规律。由此，在教学实践中采用模块化分技能教学，希望通过分别提高听、说、读、写、译等技能来提高学习者的语言综合运用能力；在教材编写的时候也倾向于模块化设计，既有读写教程，又有听说教程等。而这与动态系统理论强调整体系统、组成部分完全关联的观点是相左的。在一个动态系统中，整体的行为是通过其各部分的相互作用而浮现的。

对单个组成部分进行独立研究只能了解每个部分的状况,却无法得知它们是如何相互作用的。

(二) 非线性、不可预测、初始状态敏感、反馈敏感特征与我国的外语教育

传统语言习得观认为每个学习者的语言发展过程是线性的,开始和结束界限清楚,而在动态系统理论看来,语言学习不是一个线性的、附加的过程,而是呈现出非线性变化,体现在学习者并不是掌握了某个项目,再转向下一个项目,所有变量都是相互关联的,一个变量的变化对系统内所有其他的变量都会产生影响,并且变量之间的复杂互动使系统的行为和发展路径变得不可预测,其输入和输出不具有恒定的比例关系。同时,在各个子系统内部及外部因素的互动过程中,某个变量的细微变化不仅会引起其他变量的变化,甚至还会对整个系统产生巨大的影响,这就是常说的"蝴蝶效应"。

因为系统处于不断流动之中,这使得它们对特定时间点的特定输入和在另一个时间点上的其他输入较为敏感。由于一些动态系统的发展似乎高度依赖于它们的初始状态,所以初始阶段的微小差异可能会产生长远意义上的巨大影响,这意味着系统初始扰动的大小与它未来可能产生的影响之间存在非线性关系。一些微小的变化可能会产生巨大的影响,而主要的扰动可能会被系统吸收,并不会导致很大的变化。

在我国,外语教育呈现出一种早龄化的趋势。可能是受一语、二语习得关键期假说的影响,外语学习"越早=越好"的观点大有市场。然而,这种对年龄和学习者学习成就进行单因素线性关系分析的研究和实践往往拘泥于关键期的生物机制,却忽视了语言发展

过程中认知、情感、心理、环境等诸多因素的作用。诚然，儿童在母语习得方面具有不可比拟的优势（如语音），但是这种简单的线性关联却导致了人们对于学习初始年龄的过分关注，片面地认为二语/外语能力的高低主要就是年龄因素使然，而语言输入的质和量、接触二语的特定条件等潜在因素，似乎被忽视了。而且，一个不可忽视的问题是，我国中小学外语师资的质量亟待提升。有些学校由于师资的短缺，甚至出现了外语由其他课程教师（如数学、历史、体育等）代上的状况，而由于初始状态的敏感性，不合格的外语教师极有可能对外语学习者的学习结果产生巨大的负面影响。

在二语习得和外语学习中，各个变量之间并不存在着像自然科学呈现出的严格序向性。系统各要素之间或与环境之间的交互作用具有放大效应和不可预测性，这意味着同样的学习程序具有异质化效应，可能会导致不同的结果，呈现高度分化的发展模式。因此，语言发展可能是渐进的，也可能是突变的。由于受传统语言学理论和实证研究的影响，我国外语教师对于总体趋势、核心变量较为重视，而对于所谓的细枝末节不够敏感。值得反思的是，有时候教师付出了大量的努力（如对学生大量输入语言），却没有带来直接的线性结果，反而是一些很小的反馈——不经意的表扬或某种形式的肯定，却引发了看起来不成比例的"爆炸性"变化。系统中相互关联的大小因素都可能以积极或消极的方式影响个体外语发展的轨迹，作为教师，或许不该热衷于探究造成学生外语学习成就高低的确切原因或因素，毕竟"我们永远不能确切地预测某个特征的因素怎样影响某个特定的学习者，这不仅是因为我们不可能知道到底牵涉了多少因素，更是因为这些因素是交互作用的"（德博特，2005）。

(三) 自组织、自适应特征与我国的外语教育

在动态系统的应用语言学语境中,系统与环境、系统的各个子系统在交互中自我组织、彼此适应和重构,对资源和能量进行"软组装",不断实践从无序到有序的周期性调整。子系统的交互作用引起自组织,即外部因素通过和内部子系统的交互作用对系统加以重组,并通过自组织使复杂语言系统得以浮现。二语(外语)学习者所产出的语言比其接触到的语言更丰富或更复杂(范盖特,2003),不是来自先天论的语言习得机制,而是来自秩序的创造。具有适应能力的主体在与环境的交互作用中能够根据行为效果修改自己的行为,以便更好地在客观环境中生存,表面上的差异性实为系统灵活性和对环境适应性的结果,是发展的源泉和发展过程中特定时刻的指标。

将语言发展看作是一个动态系统中的自组织或自适应,意味着即使环境语言相似,不同的学习者可能会开发出不同的语言资源。学习不是学习者对语言形式的简单吸收,而是在服务意义创造的过程中对他们语言资源的不断适应,是对交际情境中出现的给养的回应。这种视角为宏观秩序的出现以及语言使用者微观行为的复杂性提供了一种较为合理的解释。

在语言教学中,教师和学习者经常会遭遇停滞或石化现象:当一个人的外语水平达到某种程度之后,学习成绩就不再像初始阶段那样进步明显了。即便保持语言的持续输入或接触,学习者也难以得到明显提高,甚至会出现某种程度的退步。在这种状况下,外语教师往往觉得是自己的语言输入不够,学生不够努力,从而感觉内

<<< 第十六章 动态系统理论视域下的中国外语教育：反思与展望

疚或迁怒于学生。其实，只要教师对学生语言发展的起伏或所犯的语言错误有足够的耐心和包容，就会发现，语言是一个动态系统，实际场景中的语言使用是一个活跃的过程，语言的习得和磨损都是一个动态的过程。语言学习或语言发展是随着对语言使用的适应性体验而逐渐凸显的，代表了从局部发展到整体的秩序过程，体现在更高水平的社会组织以及更长时段的变化之中。

此外，在语言教学活动中，外语教师对目标的达成、发展的路径以及预期的结果设计得过多过死，一旦学生没有按照设想开展就第一时间出来加以干预，这其实是漠视了语言动态系统中各个子系统（尤其是学习者子系统）的自组织、自适应能力。例如，教师经常采用的替换练习或角色扮演练习，其初衷是好的，效果却不佳，主要就是因为设计过于机械生硬，不符合真正的语言交流实际。学习者需要通过与环境的互动和内部的自我重组来发展语言，语言和语言能力不是规则和形式的集合体，而是"交际过程的副产品"（埃利斯，2007）。语言规则是现象的浮现，即"语法即用法，用法即语法"。同步互动的合作伙伴需聚焦于共同调节的互动和在此情境下产生的创造性交际行为来创造意义（尚卡尔 Shanker，2002）。

三、动态系统理论下的中国外语教育展望

语言是一种复杂的动态系统，在使用中不断变化、适应和发展。一个系统的视角可以帮助教师理解语言教学的问题和争议，并建议如何进行干预以提高学习能力和效果。同时，其动态性给教师提出了一个挑战：如何更加有效地教授和学习一个不断变化和发展

的语言?范盖特(2008)曾预测动态系统理论在未来将成为研究人类行为认知的典范框架,将它运用到我国二语习得和外语学习的研究和实践,应能推动学科的长足发展,但如何将源于自然科学的理论在应用语言学的语境中扎根、适应与发展,则需要教师付出更多的努力。

动态系统理论将语言、语言学习者和语言环境看成一个系统,以避免"只见树木不见森林"。对于外语教师来说,需将当今全球化的宏观环境,课程设置、课堂教学等微观环境与二语发展的认知心理过程相结合,以"全人"的视角既关注学习者的心理语言过程,又关注他们的情感、动机、背景以及各因素的交互效应,整合出一套兼具科学性和可操作性的二语习得发展模式,为我国的外语教学实践提供重要的指导。

从动态系统理论角度来看,语言学习是一个动态过程,即"二语发展",而不是学习结果或状态,即"二语习得"。二语发展没有终点,不存在最终状态,即便是在一些看起来非常稳定的阶段,变化和个体变异比比皆是,也可能由于停用或者缺乏激活而出现磨蚀。作为外语教师,需了解语言系统的结构、发展轨迹以及可能浮现的新状态和新模式,以帮助学生管理、改造、调整和优化自己的外语发展系统。教师采用的教学模式、方法或策略有时候奏效,有时候没用,在某个班级奏效,在其他班级没用,对某些学生奏效,对其他学生没用。作为外语教师,要学会接受外语教学的动态特性。通过对外语学习子系统及其互动关系的解读,诸如教师的"教"不一定能引起学生的"学",以及学生的"学"不一定能取得预期成果等问题,基本都能得到进一步的处理和解决。

第十六章 动态系统理论视域下的中国外语教育：反思与展望

动态系统的非线性和不可预测性并不等同于无法对语言加以研究，无法找寻外语教学的规律。所谓表面的无序是内在的有序。采用动态理论视角指导外语教学，需清楚知道教与学之间并不存在简单的线性因果关系，教师、课程、教材、教学模式等参数与学习者的内在认知因素相互作用，会时刻影响语言发展的路径。要想真正了解二语习得（外语学习）过程中究竟发生了什么，要想把握这种非线性的跳跃状态，必须以足够的耐心和细心来观察和把控语言发展中的各个细枝末节。

时间作为影响动态系统互动水平的一个关键参数，需要重点关注和监测。在动态的语言系统中，不同的事件发生在不同的时段上，可能反映出不同的互动水平，因而具有更为特殊的意义。在当下和未来的外语教学中，通过大数据获取学习者实时/历时学习细节的可能性越来越大，这将有助于教师及时了解学习者的学习模式和状态，并适时采取干预措施来改善他们的学习行为。比如，基于学习平台的后台数据，可采用潜在剖面分析法探究特定个体的动机、意图或影响使用轨迹的人口统计信息，以及聚类随时间变化的用户轨迹。还可采用基于时间序列分析的生存模型来监控学习者在任意时间点的语言发展变化，从而可以更好地定位影响学习行为的因素或因素组合。在学习初始年龄方面，外语教师需发现隐藏在年龄背后起交互作用的因素及其影响力，以及它们如何相互补偿，以破除外语学习越早越好的理念。

由于动态系统自组织、自适应的特征，学习者学习行为的系统化和有序性得以有效提升，使得在动态系统理论框架下开展有意义的教学实践成为可能。作为外语教师，需要学会透过表面现象看到本质，在各式各样的学习环境中尽快确定班级的主要学习者类型，了解什么样的学习者因素集合和传授过程可将一个特定的学习者"推"到他（她）所体现的特定原型之中。教师在设定一个教学目标时，要根据材料、组织或干预变化来确定达成目的的内容、活动和任务，而在基于学生的真实反应改变教学目标时，则要学会考察真实课堂各种因素的相互适应过程并不断做出动态调整。

拉尔森-弗里曼和卡梅伦（2008）认为，学习不是学习者对于语言形式的吸收，而是为回应在动态交际场景中浮现的给养对语言使用模式的不断适应和设定。语言发展不是学习和运用抽象符号，而是学习者在实际互动中相互适应、相互调整。为了保证更多个体学习者的成功，外语教师要给予学生更多自由和选择，并通过提供、扩展、调配和补偿资源来满足他们的学习需求，充分发挥好资源提供者的角色。为此，我们研究者需要基于密集数据，探究使学习发生的资源数量、不同类型资源之间的补偿关系以及资源间可能的关联增长。

四、小结

基于动态系统理论，把二语习得的研究视角从语言回归到以发展为特征的学习者行为上，其初衷是为了克服传统二语习得研究的简单、线性、割裂和静态的思维方式所带来的各种弊端，以便更真实地呈现二语发展的全貌，洞悉二语发展的实质。它将语言发展的认知观和社会观融于一身，为解决二语习得问题的社会层面和认知层面提供了框架（戴运财、王同顺，2012），超越了传统理论奉承的线性行为和因果关系论，直面了真实环境中系统的复杂性与变异性（李兰霞，2011）。

动态系统理为我国的外语教育提供了新的理论依据，为揭示外语教学实践的本质、有效提升外语课堂效率开辟了新路径，使得新的研究方法和发展策略成为可能。基于该理论框架，理性分析我国外语教育存在的问题，并提出相应的改进路径，是有其必要性的。

参考文献

英文著作

[1] ABRAHAMSSON N & HYLTENSTAM K. Age of Onset and Nativelikeness in a Second Language: Listener Perception versus Linguistic Scrutiny [J]. *Language Learning*, 2009 (53): 334–41.

[2] ABRAHAMSSON J & GREEN D W. Bilingual Speech Production: The Neurocognition of Language Representation and Control [J]. *Journal of Neurolinguistics*, 2007 (20): 242–275.

[3] ALDERSON J C. *Assessing Reading* [M]. Cambridge: Cambridge University Press, 2000.

[4] ALSHEIKH N O. Three Readers, Three Languages, Three Texts: The Strategic Reading of Multilingual and Multiliterate Readers [J]. *The Reading Matrix*, 2011 (11): 34–53.

[5] ARONOFF M & REES-MILLER J. *Blackwell Handbook of Lin-*

guistics [M]. Oxford, England: Blackwell, 2001.

[6] ASHER J & GARCIA R. The Optimal Age to Learn a Foreign Language [J]. *The Modern Language Journal*, 1969 (5): 334 - 41.

[7] BACHMAN L & PALMER A. *Language Assessment in Practice: Developing Language Assessment and Justifying Their Use in the Real World* [M]. Oxford: Oxford University Press, 2010.

[8] BACHMAN L F & PALMER A S. *Language Testing in Practice* [M]. Oxford: Oxford University Press, 1996.

[9] BACHMAN L F. *Fundamental Considerations in Language Teaching* [M]. Oxford: Oxford University Press, 1990.

[10] BARNETT M. *More than Meets the Eye* [M]. Englewood Cliffs, NJ: Prentice Hall, 1990.

[11] BATES E, ELMAN J, JOHNSON M, et al. Innateness and Emergentism [A]. In W. Bechtel & G. Graham (eds.), *A Companion to Cognitive Science* [C]. Oxford: Basil Blackwell, 1998: 590 - 601.

[12] BERMAN R A & OLSHTAIN E. Features of First Language Transfer in Second Language Attrition [J]. *Applied Linguistics*, 1983, 4 (3): 222 - 234.

[13] BIALYSOK E. The Structure of Age: In Search of Barriers to SLA [J]. *Second Language Research*, 1997, 13 (2): 116 - 137.

[14] BIALYSTOK E & HAKUTA K. Confounded Age: Linguistic and Cognitive Factors in Age Differences for Second Language Acquisition [A]. In D. Birdsong (ed.) *Second Language Acquisition and the Critical Period Hypothesis* [C]. Mahwah, NJ: Lawrence Erlbaum Associates,

1999: 79.

[15] BIALYSTOK E & HAKUTA K. *In Other Words: The Science and Psychology of Second Language Acquisition* [M]. New York: Basic Books, 1994.

[16] BIRDSONG D & MOLIS M. On the Evidence for Maturational Constraints in Second Language Acquisition[J]. *Journal of Memory and Language*, 2001 (44): 235-249.

[17] BIRDSONG D. Age and Second Language Acquisition and Processing: A Selective Overview [J]. *Language Learning*, 2006, 56 (1): 9-49.

[18] BIRDSONG D. Ultimate Attainment in Second Language Acquisition[J]. *Language*, 1992, 68 (4): 706-755.

[19] BIRDSONG D. *Second Language Acquisition and the Critical Period Hypothesis. Second Language Acquisition Research: Theoretical and Methodological Issues* [M]. Mahwah, NJ: Lawrence Erlbaum Associates, 1999.

[20] BONGAERTS T. Ultimate Attainment in L2 Pronunciation: The Case of Very Advanced L2 Learners [A]. In D. Birdsong (ed.), *Second language acquisition and the Critical Period Hypothesis* [C]. Mahwah, NJ: Erlbaum, 1999: 133-159.

[21] BROWN D H. *Principles of Language Learning & Teaching* [M]. 4th ed. New York: Longman, 2000.

[22] BROWN G, POCOCK A, ZHAO M J, et al. Conditional Likelihood Maximization: A Unifying Framework for Information Theoretic

Feature Selection [J]. *The Journal of Machine Learning Research*, 2012 (13): 27 – 66.

[23] BROWN J D. *The Elements of Language Curriculum: A Systematic Approach to Program Development* [M]. Boston: Heinle & Heinle Publishers, 1995.

[24] BRYSBAERT M. VAN WIJNENDAELE I, DE DEYNE S. Age – of – acquisition Effects in Semantic Processing Tasks [J]. *Acta Psychologica*, 2000, 104 (2): 215 – 226.

[25] CARRELL L P. Introduction: Interactive Approaches to Second Language Reading [A]. in L. P. Carrell, J. Devine & E. D. Eskey (eds.), *Interactive Approaches to Second Language Reading* [C]. Cambridge: Cambridge University Press, 1998: 1 – 7.

[26] CARRELL P L. Metacongnitve Awareness and Second Language Reading" [J]. *The Modern Language Journal*, 1989, 73 (2): 121 – 134.

[27] CARROLL J B & White M N. Word Frequency and Age-of-acquisition as Determiners of Picture – naming Latency [J]. *Quarterly Journal of Experimental Psychology*, 1973, (25): 85 – 95.

[28] CATLING J C, DENT K & WILLIAMSON S. Age of Acquisition, Not Word Frequency Affects Object Recognition: Evidence from the Effects of Visual Degradation [J]. *Acta Psychologica*, 2008 (129): 130 – 137.

[29] CAZDEN C. Second Language Acquisition Sequence in Children, Adolescents and Adults [R]. New Yokr: *Final Report in US De-*

partment of Health, Education and Welfare, 1975: 6.

[30] CHEE M W L, CAPLAN D & SOON C R. Processing of Visually Presented Sentences in Mandarin and English Studied with Fmri [J]. *Neuron*, 2003, 23 (1): 127 – 137.

[31] CHEE M W L, HON N & LEE H L. Relative Language Proficiency Modulates BOLD Signal Change When Bilinguals Perform Semantic Judgments [J]. *NeuroImage*, 2001 (13): 1155 – 1163.

[32] CHEE M W, TAN, E W L, et al. Mandarin and English Single Words Processing Studied with Functional Magnetic Resonance Imaging [J]. *Journal of Neuroscience*, 1999 (15): 3050 – 3056.

[33] CHOMSKY N. *Lectures on Government and Binding* [M]. Dordrecht: Foris, 1981.

[34] CLARK E V. Critical Periods, Time, and Practice [J]. *University of Pennsylvania Working Papers in Linguistics*, 2003 (9): 39 – 48.

[35] COHEN A D. Attrition in the Productive Lexicon of Two Portuguese Third Language Speakers [J]. *Studies in Second Language Acquisition*, 1989, 11 (2): 135 – 149.

[36] Council of Europe. *Common European Framework of Reference for Languages: Learning, Teaching, Assessment (CEFR)* [M]. Strasbourg: Council of Europe/Cambridge: Cambridge University Press, 2001.

[37] DARDJOWIDJOJO S. Echa: Kisah Pemerolehan Bahasa Anak Indonesia [J]. *PT Gramedia Widiasarana Indonesia*, 2000.

[38] DAVIES A, BROWN A, ELDER C, et al. *Dictionary of Language Testing* [M]. Cambridge: Cambridge University Press, 1999.

[39] DAVIES F. *Introducing Reading* [M]. London: Penguin, 1995.

[40] DAVIES A. *Assessing Academic English: Testing English Proficiency, 1950 – 1989: The IELTS Solution* [M]. Cambridge: Cambridge University Press, 2008.

[41] DAVIS J N & Bistodeau L. How Do L1 and L2 Reading Differ? Evidence from Think Aloud Protocols [J]. *The Modern Language Journal*, 1993 (4): 459 – 471.

[42] BOT K. Second Language Acquisition as a Dynamic Process [J]. *The Modern Language Journal*, 2008, 92 (2): 166 – 178.

[43] BOT K, LOWIE W & VERSPOOR M. A Dynamic Systems Approach to Second Language Acquisition [J]. *Bilingualism: Language and Cognition*, 2007 (10): 7 – 21 & 51 – 55.

[44] BOT K, LOWIE W & VERSPOOR M. *Second Language Acquisition: An Advanced Resource Book* [M]. London: Routledge, 2005.

[45] DE YNE SD & STORMS G. Age-of-acquisition Differences in Young and Older Adults Affect Latencies in Lexical Decision and Semantic Categorization [J]. *Acta Psychologica*, 2007 (124): 274 – 295.

[46] DECHERT H. Some Critical Remarks Concerning Penfield's Theory of Second Language Acquisition [A]. In D. Singleton and Z. Lengyel (eds.), *The Age Factor in Second Language Acquisition* [C]. Clevedon: Multilingual Matters, 1995: 67 – 94.

[47] DEHAENE D, DUPOUX E & MEHLER J. Anatomical Variability in the Cortical Representation of First and Second Languages[J]. *NeuroReport*, 1997 (8): 3809 – 3815.

[48] DEKEYSER R M. Age Effects in Second Language Learning: Stepping Stones toward Better Understanding [J]. *Language Learning*, 2013 (63): 52 – 67.

[49] DEKEYSER R M. ALFI – SHABTAY I & RAVID D. Cross – linguistic Evidence for the Nature of Age Effects in Second Language Acquisition [J]. *Applied Psycholinguistics*, 2010 (31): 413 – 38.

[50] DEKEYSER R. Implicit and Explicit Learning [A]. In C. Doughty and M. Long (eds.), *Handbook of Second Language Acquisition* [C]. Oxford: Blackwell, 2005: 313 – 348.

[51] DEKEYSER R M. The Robustness of Critical Period Effects in Second Language Acquisition [J]. *Studies in Second Language Acquisition*, 2000 (22): 499 – 533.

[52] DILLER K. Natural Methods of Foreign Language Teaching: Can They Exist? What Criteria Must They Meet? [A]. In H. Winnitz (ed.), *Native Language and Foreign Language Acquisition* [C]. New York: The New York Academy of Sciences, 1981: 75 – 91.

[53] DORNYEI Z. Individual Differences: Interplay of Learner Characteristics and Learning Environment[J]. *Language Learning*, 2009 (S1): 230 – 248.

[54] DOWENS M G, GUO T, GUO J, et al. Gender and Number Process in Chineses Learners of Spanish: Evidence from Event – related

Potentuals [J]. *Neuroscience*, 2011, 49 (7): 1651-59.

[55] DUDLEY-EVANS T & JOHN M J S. An Overview of ESP in the 1990s [C]. The Japan Conference on English for Specific Purposes. Aizuwakamatsu City. Fukushima. 1997: 5-12.

[56] EDELENBOS P. Leergangen Voor Engels in Het Basisonderwijs Vergeleken [D]. Rion: University of Groningen, 1990.

[57] ELLIS A W & LAMBON R. Age of Acquisition Effects in Adult Lexical Processing Reflect Loss of Plasticity in Maturing Systems: Insights from Connectionist Networks [J]. *Journal of Experimental Psychology: Learning, Memory, and Cognition*, 2000 (5): 1103-1123.

[58] ELLIS R. Dynamic Systems and SLA: the Wood and the Trees [J]. *Bilingualism: Language and Cognition*, 2007 (10): 23-25.

[59] ELLIS R. *The Study of Second Language Acquisition* [M]. Oxford: Oxford University Press, 1994.

[60] ELLIS R. *Understanding Second Language Acquisition* [M]. Oxford: Oxford University Press, 1985.

[61] ELLIS R. *Understanding Second Language Acquisition* [M]. 上海: 上海外语教育出版社, 1999.

[62] FATHMAN A. The Relationship between Age and Second Language Productive Ability [J]. *Language Learning*, 1975, 25 (2): 245-253.

[63] FLEGE J E. A Critical Period for Learning to Pronounce Foreign Languages [J]. *Applied Linguistics*, 1987 (8): 162-177.

[64] FLEGE J E, BOHN O & SANDJANG S E. Effects of Experience on Non-native Speakers Production and Perception of English Vowels [J]. *Journal of Phonetics*, 1997 (25): 437-470.

[65] FLEGE J E, MUNRO M & MACKAY, et al. Factors Affecting Strength of Perceived Foreign Accent in a Second Language [J]. *Journal of the Acoustical Society of America*, 1995 (97): 3125-3134.

[66] FLEGE J E, YENI-KOMSHIAN G H & LIU S. Age Constraints on Second-language Acquisition [J]. *Journal of Memory and Language*, 1999, 41 (1): 78-104.

[67] FLORANDER J & JANSEN M. Skoleforsog i engelsk 1959-1965 [D]. Copenhagen: Danish Institute of Education, 1968.

[68] FRENCK-MESTRE C. Eye-movement as a Tool for Studying Syntactic Processing in a Second Language: A review of Methodologies and Experimental Findings [J]. *Second Language Research*, 2005 (21): 175-198.

[69] FRIEDERICI A D, STEINHAUER K & PFEIFER E., "Brain Signatures of Artificial Language Processing: Evidence Challenging the Critical Period Hypothesis" [J]. *Proceedings of the National Academy of Sciences of the United States of America*, 2002, 99 (1): 529-534.

[70] FULCHER G & DAVIDSON F. *Language Testing and Assessment: An Advanced Resource Book* [M]. London: Routledge, 2007.

[71] FULCHER G, DAVIDSON F, KEMP J. Effective Rating Scale Development for Speaking Tests: Performance Decision Trees [J].

Language Testing, 2011, 28 (1): 5-29.

[72] FULCHER G. *Testing Second Language Speaking* [M]. London: Pearson Education Limited, 2003.

[73] GARDNER R C. *Social Psychology and Second Language Learning: The Role of Attitudes and Motivation* [M]. London: Edward Arnold Publishers, 1985.

[74] GASS S M & SELINKER L. *Second Language Acquisition* [M]. Oxon: Routledge, 2008.

[75] GENELOT S. L'enseignement Des Langues A L'Ecole Primaire: Quells Acquis Pour Quells Effects Au College? Elements D'Evaluation: Le Cas De L'Anglais [D]. Dijon: Institut de Recherche sur l'Economie de l'Education, 1996.

[76] GOODMAN K S. *On Reading* [M]. Portsmouth, NH: Heinemann, 1996.

[77] GOUGH P B. One Second of Reading [A]. in J. F. Kavanagh & I. G. Mattingly (eds.), *Language by Ear and by Eye* [C]. Cambridge, MA: MIT Press, 1972: 331-358.

[78] GOULD J L & MARLER P. Learning by Instinct [J]. *Scientific American*, 1987 (256): 78-85.

[79] GRABE W. Current Development in Second Language Reading Research[J]. *TESOL Quarterly*, 1991, 25 (3): 375-406.

[80] GREEN D W. Neural Basis of Lexicon and Grammar in L2 Acquisition: The Convergence Hypothesis [A]. In R. van Hout, A. Hulk, F. Kuiken & R. Towell (eds.), *The Lexicon - syntax Interface*

in Second Language Acquisition [C]. Amsterdam: John Benjamins, 2003: 197 – 218.

[81] GREEN D W. The Neurocognition of Recovery Patterns in Bilingual Aphasics [A]. In J. F. Kroll, & A. M. B. de Groot (eds.), *Handbook of bilingualism: Psycholinguistic approaches* [C]. New York: Oxford University Press, 2005: 515 – 530.

[82] GRIMSHAW G M, ADELSTEIN A, BRYDEN M P, et al. First Language Acquisition in Adolescence: Evidence for a Critical Period for Verbal Language Development [J]. *Brain and Language*, 1998 (3): 237 – 255.

[83] GUIORA A. Construct Validity and Transpositional Research: Toward an Empirical Study of Psychoanalytic Concepts [J]. *Comprehensive Psychiatry*, 1972 (13): 139 – 150.

[84] HAHNE A. What's Different in Second – language Processing? Evidence from Event – related Brain Potentials [J]. *Journal of Psycholinguistic Research*, 2001, 30 (3): 251 – 66.

[85] HAKUTA K. *A Critical Period for Second Language Acquisition?* [M]. California: Stanford University, 1999.

[86] HALLIDAY M A K. On the Concept of 'Educational Linguistics [A]. In J. Webster (ed.). *The Collected Works of M. A. K. Halliday, Volume 9: Language and Education* [C]. London: Continuum International Publishing Group, 2007: 354 – 367.

[87] HAWKINS J A & FILIPOVIC L. *Criterial Features in L2 English: Specifying the Reference Levels of the Common European Framework*

[M]. Cambridge: Cambridge University Press, 2012.

[88] HERDINA P & JESSNER U. *A Dynamic Model of Multilingualism—Perspectives of Change in Psycholinguistics* [M]. Clevedon: Multilingual Matters, 2002.

[89] HERMANDEZ I & SOKOLOV B P. Abnormalities in 5 - HT2A Receptor mRNA Expression in Frontal Cortex of Chronic Elderly Schizophrenics with Varying Histories of Neuroleptic Treatment [J]. *Neuroscience Research*, 2000 (59): 218 - 225.

[90] HERNANDEZ A E. *The Bilingual Brain* [M]. Cambridge: Cambridge University Press, 2013.

[91] HERSCHENSOHN J. *Language Development and Age* [M]. Cambridge: Cambridge University Press, 2007.

[92] HILSENROTH M J, SEGAL, D L, et al.. *Comprehensive handbook of psychological assessment* [M]. Hoboken, NJ: John Wiley & Sons, 2004.

[93] HIRSCH J, LA P R L D, RELKIN N R, et al. Illusory contours activate specific regions in human visual cortex: Evidence from functional magnetic resonance imaging [J]. *Proceedings of the National Academy of Sciences of the United States of America*, 1995 (92): 6469 - 6473.

[94] HUANG C T. On the Distribution and Reference of Empty Pronouns [J]. *Linguistic Inquiry*, 1984 (15): 531 - 574.

[95] HYMES D. On Communicative Competence [A]. In J. B. Pride & A. Holmes (eds.), *Sociolinguistics: Selected Readings* [C].

Harmondsworth: Penguin, 1972: 269-293.

[96] HYMES D. The Anthropology of Communcation [A]. In F. E. Dance (ed.), *Human Communication Theory: Original Essays* [C]. New York: Holt, Rinehart and Winston, 1967: 27-41.

[97] HYMES D. *Foundations in Sociolinguistics: An Ethnographic Approach* [M]. Philadelphia: University of Pennsylvania Press, 1974.

[98] JOHNSON J S & NEWPORT E L. Critical Period Effects in Second Language Learning: The Influence of Maturational State on the Acquisition of ESL[J]. *Cognitive Psychology*, 1989, 21 (1): 60-99.

[99] JOHNSON J S & NEWPORT E L. Critical Period Effects on Universal Properties of Language: The Status of Subjacency in the Acquisition of a Second Language[J]. Cognition, 1991, 39 (3): 215-58.

[100] JOHNSON J S. Critical Period Effects in Second Language Acquisition: The Effect of Written versus Auditory Materials on the Assessment of Grammatical Competence[J]. *Language Learning*, 1992, 42 (2): 217-48.

[101] KALBERER U. Rate of L2 Acquisition and the Influence of Instruction Time on Achievement [D]. Manchester: University of Manchester, 2007.

[102] KASSAIAN Z. Age and Gender Effect in Phonetic Perception and Production [J]. *Journal of Language Teaching and Research*, 2011 (2): 2.

[103] KIM K H, RELKIN N R, LEE K M, et al. Distinct Cortical Areas Associated with Native and Second Language [J]. *Nature*,

1997 (388): 171 -4.

[104] KODA K. *Insights into Second Language Reading: A Cross-Linguistics Approach* [M]. New York, NY: Cambridge University Press, 2005.

[105] KONG S. English Speakers and the Asymmetrical Matrix-Embedded Null Subjects in L2 Chinese [J]. *Concentric: Studies in Linguistics*, 2007 (2): 23 -52.

[106] KOTZ S A & ELSTON - Guettler K. The Role of Proficiency on Processing Categorical and Associative Information in the L2 as Revealed by Reaction Times and Event - Related Brain Potentials [J]. *Journal of Neurolinguistics*, 2004 (17): 215 -235.

[107] KOTZ S A, HOLCOMB P J & OSTERHOUT, et al. ERPs Reveal Comparable Syntactic Sentence Processing in Native and Non - Native Readers of English [J]. *Acta Psychologica*, 2008, 128 (3): 514.

[108] KRASHEN S D. The Critical Period for Language Acquisition and its Possible Bases [A]. In D. Aaronson & R. W. Rieber (eds.), *Developmental Psycholingulstics and Communication Disorders* [C]. New York: New York Academy of Sciences, 1975: 211 -224.

[109] KRASHEN S D, LONG M A & SCARCELLA R C. Age, Rate and Eventual Attainment in Second Language Acquisition [J]. *TESOL Quarterly*, 1979, 13 (4): 573 -582.

[110] KRASHEN S D. *Principles and Practice in Second Language Acquisition* [M]. New York: Pergamon Press, 1982.

[111] KRASHEN S D, SFERLAZZA V, FELDMAN L, et

al. Adult Performance on the Slope Test: More Evidence for a Natural Sequence in Adult Second Language Acquisition [J]. *Language Learning*, 1976, 26 (1): 145 – 151.

[112] LAI S F. Strategically Smart or Proficiency – driven? An Investigation of Reading Strategy Use of EFL College Students in Relation to Language Proficiency [J]. *Contemporary Issues In Education Research*, 2013 (1): 85 – 92.

[113] LAKSHMANAN U. *Universal grammar in Child Second Language Acquisition* [M]. Amsterdam: Benjamins, 1994.

[114] LAMENDELLA J T. General Principles of Neurofunctional Organization and Their Manifestation in Primary and Nonprimary Language Acquisition[J]. *Language Learning*, 1977, 27 (1): 155 – 196.

[115] LARSEN-FREEMAN D & CAMERON L. *Complex Systems and Applied Linguistics* [M]. Oxford: Oxford University Press, 2008.

[116] LARSEN-FREEMAN D & LONG M H. *An introduction to second language acquisition research* [M]. New York: Longman, 1991.

[117] LARSEN-FREEMAN D. Chaos/Complexity Science and Second Language Acquisition[J]. *Applied Linguistics*, 1997, 18 (2): 141 – 165.

[118] LARSEN-FREEMAN D. Complex, Dynamic Systems: A New Transdisciplinary Theme for Applied Linguistics? [J]. *Language Teaching*, 2012, 45 (2): 202 – 214.

[119] LARSEN-FREEMAN D. Language Acquisition and Language Use from a Chaos/Complexity Theory Perspective [A]. In C. Kramsch (ed.), *Language Acquisition and Language Socialization* [C]. London:

Continuum International Publishing Group, 2002: 33 - 46.

[120] LARSEN-FREEMAN D. The Emergence of Complexity, Fluency, and Accuracy in the Oral and Written Production of Five Chinese Learners of English [J]. *Applied Linguistics*, 2006, 27 (4): 590 - 619.

[121] LARSON-HALL J. Weighing the Benefits of Studying a Foreign Language at a Younger Starting Age in a Minimal Input Situation [J]. *Second Language Research*, 2008, 24 (1): 35 - 63.

[122] LEE J. Is There a Sensitive Period for Second Language Collocational Knowledge? [D]. Honolulu, HI: ESL Department, University of Hawai' I, 1998.

[123] LENNEBERG E. *Biological Foundations of Language* [M]. New York: Wiley and Sons, 1967.

[124] LEWIS B. *The Lexical Approach* [M]. London: Language Teaching Publications, 1993.

[125] LICERAS J M & Díaz L. Topic - drop versus Pro - drop: Null Subjects and Pronominal Subjects in the Spanish L2 of Chinese, English, French, German, Japanese and Korean Speakers [J]. *Second Language Research*, 1999, 15 (1): 1 - 40.

[126] LIONTAS J. Transactional Idiom Analysis: Theory and Practice [J]. *Journal of Language and Linguistics*, 2002 (1): 17 - 52.

[127] LONG M H. Maturational Constraints on Language Development [J]. *Studies in Second Language Acquisition*, 1990, 12 (3):

251-285.

[128] LONG M H. *Second Language Needs Analysis* [M]. Cambridge: Cambridge University Press, 2005.

[129] LORENZ K Z. The Companion in the Bird's World [J]. *The Auk*, 1937, 54 (3): 245-273.

[130] MACWHINNEY B. Second Language Acquisition and the Competition Model [J]. *Tutorials in Bilingualism Psychological Perspectives*, 1997 (21): 113-142.

[131] MALMBERG G. Extreme Morphological Variation between Related Individuals of Gyrodactylus Pungitii [J]. *Systematic Parasitology*, 1970 (32): 137-140.

[132] MARCOTTE K & ANSALDO A I. Age-related Behavioural and Neurofunctional Patterns of Second Language Word Learning: Different Ways of Being Successful [J]. *Brain & Language*, 2014, 135 (2): 9-19.

[133] MARINOVA-TODD S H. Comprehensive Analysis of Ultimate Attainment in Adult Second Language Acquisition [D]. Boston: Harvard University, 2003.

[134] MARINOVA-TODD S H, MARSHALL D B & SNOW C E. Three Misconceptions about Age and L2 Learning [J]. *TESOL Quarterly*, 2000, 34 (1): 9-34.

[135] MCLAUGHLIN B. Differences and Similarities between First-and Second-language Learning [J]. *Annals of the New York Academy of Sciences*, 1981, 379 (1): 23-32.

[136] MORGAN-SHORT K K, STEINHAUER C S C & ULLAMN M T. Explicit and Implicit Second Language Training Differentially Affect the Achievement of Native – Like Brain Activation Patterns [J]. *Journal of Cognitive Neuroscience*, 2012, 24 (4): 933 – 47.

[137] MORRIS B S K & GERSTMAN L J. Age Contrasts in the Learning of Language-relevant Materials: Some Challenges to Critical Period Hypothesis [J]. *Language Learning*, 2010, 36 (3): 311 – 352.

[138] MUÑOZ C. Input and Long – term Effects of Starting Age in Foreign Language Learning [J]. *IRAL —International Review of Applied Linguistics in Language Teaching*, 2011, 49 (2): 113 – 133.

[139] MUÑOZ C. Symmetries and Asymmetries of Age Effects in Naturalistic and Instructed L2 Learning [J]. *Applied Linguistics*, 2008, 24 (4): 578 – 596.

[140] MUÑOZ C. The Effects of Age on Foreign Language Learning: The BAF Project [A]. In C. Muñoz (ed.), *Age and the Rate of Foreign Language Learning* [C]. Clevedon: Multilingual Matters, 2006: 1 – 40.

[141] MUÑOZ C. The Significance of Intensive Exposure as a Turning Point in Learners' Histories [A]. In C. Muñoz (ed.), *Intensive exposure experiences in second language learning* [C]. Bristol: Multilingual Matters, 2012: 141 – 160.

[142] MYLES F & MITCHELL R. Learning French from Ages 5, 7, and 11: An Investigation into Starting Ages, Rates and Routes of Learning Amongst Early Foreign Language Learners [J]. *ESRC End of*

Award Report, *RES - 062 - 23 - 1545* [R]. Swindon, UK: Swindon: Economic and Social Research Council, 2012.

[143] NEWPORT E L. "Contrasting Conceptions of the Critical Period for Language" [A]. In S. Carey & R. Gelman (eds.), *The Epigenesist of Mind* [C]. Hillsdale, NJ: Lawrence Erlbaum Associates, 1991: 111 - 130.

[144] NEWPORT E L, BAVELIER D & NEVILLE H J. Critical Thinking about Critical Periods: Perspectives on a Critical Period for Language Acquisition [A]. In E Dupoux (ed.), *Language, brain, and cognitive development: Essays in honor of Jacques Mehlter* [C]. Cambridge, MA: MIT Press, 2001: 481 - 502.

[145] NICKELS S B, OPITZ B & STEINHAUER K. ERPs Show that Classroom Instructed Late Second Language Learners Rely on the Same Prosodic Cues in Syntactic Parsing As Native Speakers [J]. *Neuroscience Letters*, 2013 (557): 107 - 11.

[146] NORTH B. *The Development of a Common Framework Scale of Language Proficiency* [M]. New York: Peter Lang, 2000.

[147] ODLIN T. Cross-linguistic Influence [C]. In C. J. Doughty & M. H. Long (eds.), *The Handbook of Second Language Acquisition* [C]. Oxford, UK: Blackwell Publishing Ltd., 2003: 436 - 486.

[148] OJIMA S, MATSUBA-KURITA H, NAKAMURA N, et al. Age and Amount of Exposure to a Foreign Language during Childhood: Behavioral and ERP Data on the Semantic Comprehension of Spoken English by Japanese Children [J]. *Neuroscience Research*, 2011, 70 (2):

197 – 205.

[149] OLSEN L & SAMUELS S. The Relationship between Age and Accuracy of Foreign Language Pronunciation [J]. *Journal of Educational Research*, 1973 (66): 263 – 267.

[150] OLSHTAIN E. Is Second Language Attrition the Reversal of Second Language Acquisition? [J]. *Studies in Second Language Acquisition*, 1989, 11 (2): 151 – 165.

[151] OSTERHOUT L, MCLAUGHLIN J, PITKÄANEN I, et al. Novice Learner, Longitudinal Designs, and Event – related Potentials: A Means for Exploring the Neurocognition of Second Language Processing. In Gullberg & Indefrey (eds.), *The Cognitive Neuroscience of Second Language Acquisition* [C]. Malden, MA: Blackwell Publishing, 2006: 199 – 230.

[152] OYAMA S. A Sensitive Period for the Acquisition of Nonnative Phonological System [J]. *Journal of Psycholinguistic Research*, 1976 (5): 261 – 283.

[153] OYAMA S. The Sensitive Period and Comprehension of Speech [J]. *Working Papers on Bilingualism*, 1978 (16): 1 – 17.

[154] PARK H. A Minimalist Approach to Null Subjects and Objects in Second Language Acquisition [J]. *Second Language Research*, 2004 (20): 1 – 32.

[156] PATKOWSKI M S. The Sensitive Period for the Acquisition of Syntax in a Second Language [J]. *Language Learning*, 1980 (30): 449 – 472.

[157] PATKOWSKI M S. Age and Accent in a Second Language: A Reply to James Emil Flege [J]. *Applied Linguistics*, 1990 (11): 73 – 89.

[158] PENFIELD W & ROBERTS L. *Speech and Brain Mechanism* [M]. New York: Atheneum Press, 1959.

[159] PHINNEY M. The Pro-drop Parameter in Second Language Acquisition [A]. In Roeper & Williams (eds.), *Parameter Setting* [C]. Dordrecht: Reidel, 1987: 221 – 238.

[160] PIAGET J. *The Language and Thought of the Child* [M]. London: Routledge & Kegan Paul, 1926.

[161] PINKER S. *The Language Instinct: How the Mind Creates Language* [M]. New York: Harper Collins, 1994.

[162] PLATT E J. Testing the null subject parameter in adult second language acquisition: A study of Vietnamese and Spanish speakers learning English [D]. Unpublished PhD Dissertation, Urbana-Champaign, Illinois: University of Illinois at Urbana – Champaign, 1989.

[163] PULVERMTILLER F & SCHUMANN J H. Neurobiological Mechanisms of Language Acquisition [J]. *Language Learning*, 1994, 44 (4): 681 – 734.

[164] RAMIREZ A G & POLITZER R L. Comprehension and Production in English as a Second Language by Elementary School Children and Adolescents [A]. In E. M. Hatch (ed.), *Second Language Acquisition: A Book of Readings* [C]. Rowley, Massachusetts: Newbury House Publishers, 1978: 313 – 332.

[165] RAZ N, LINDENBERGER U, RODRIGUE K M, et al. Regional Brain Changes in Aging Healthy Adults: General Trends, Individual Differences, and Modifiers [J]. *Cerebral Cortex*, 2005 (15): 1676 – 1689.

[166] REBEKAH R. *Foreign Language Input: Initial Processing* [M]. Clevedon, UK: Multilingual Matters, 2008.

[167] RICHARDS J C, PLATT J & PLATT H. 语言教学及应用语言学辞典 [Z]. 北京: 外语教学与研究出版社, 2002.

[168] RICHTERICH R & CHANCEREL J L. *Identifying the Needs of Adults Learning a Foreign Language* [M]. Oxford: Pergamum Press. 1980.

[169] RILEY P. Developmental Sociolinguistics and the Competence/Performance Distinction [A]. In G. Brown, K. Malinkjaer, & J. Williams (eds.), *Performance and Competence in Second Language Acquisition* [C]. Cambridge: Cambridge University Press, 1996: 114 – 135.

[170] ROSSI S, GUGLER M F, FRIEDERICI A D, et al. The Impact of Proficiency on Syntactic Second – language Processing of German and Italian: Evidence from Event – related Potentials [J]. *Journal of Cognitive Neuroscience*, 2006, 18 (2): 2030 – 48.

[171] RUMELHART D E. Schemata: The Building Blocks of Cognition [A]. in R. J. Spiro, B. C. Bruce & W. F. Brewer (eds.), *Theoretical Issues in Reading Comprehension* [C]. Hillsdale, NJ: Erlbaum, 1980: 33 – 58.

[172] RUMELHART D E. Toward an Interactive Model of Reading [A]. in S. Dornic (ed.), *Attention and Performance* [A]. New York, NY: Academic Press, 1977: 573-603.

[173] SABOURIN L. Grammatical gender and second language processing: an ERP study [D]. PhD dissertation, University of Groningen, The Netherlands, 2003.

[174] SAVILLE, N & HAWKEY R. The English Profile Programme: The First Three Years [J]. *English Profile Journal*, 2010, 1 (1): 1-14.

[175] SCOVEL T. Foreign Accents, Language Acquisition, and Cerebral Dominance[J]. *Language Learning*, 1969 (9): 245-253.

[176] SCOVEL T. *A Tune to Speak: A Psycholinguistic Inquiry into the Critical Period for Human Language* [M]. Rowley, MA: Newbury House, 1988.

[177] SELIGER H W. Implications of a Multiple Critical Periods Hypothesis for Second Language Learning [A]. In W. C. Ritchie (ed.), *Second Language Acquisition Research: Issues and Implications* [C]. New York: Academic Press, 1978: 11-19.

[178] SELINKER L. Interlanguage [J]. *International Review of Applied Linguistics*, 1972 (10): 209-231.

[179] SHANKER S & KING B. The Emergence of a New Paradigm in Ape Language Research [J]. *Behavioral and Brain Sciences*, 2002, 25 (5): 605-656.

[180] SINGH M. Modal and Amodal Completion Generate Different

Shapes [J]. *Psychological Science*, 2004 (15): 454 –459.

[181] SINGHAL M. Reading Proficiency, Reading Strategies, Metacognitive Awareness and L2 Readers [J]. *The Reading Matrix*, 2001 (1): 1 –9.

[182] SMITH F. *Understanding Reading* [M]. New York: Holt Rinehart and Winstom, 1978.

[183] SNOW C E & HOEFNAGEL-HÖHLE M. The Critical Period for Language Acquisition: Evidence from Second Language Learning [J]. *Child Development*, 1978, 49 (4): 1114 –1128.

[184] SPADARO K. Maturational Constraints on Lexical Acquisition in a Second Language [D]. Perth: University of Western Australia, 1996.

[185] SPOLSKY B. *Language Policy* [M]. Cambridge: Cambridge University Press, 2004.

[186] STANOVICH K E. Toward an Interactive – compensatory Model of Individual Differences in the Development of Reading Fluency [J]. *Reading Research Quarterly*, 1980 (1): 32 –71.

[187] STEINHAUER K & CONNOLLY J F. Event – related Potentials in the Study of Language [A]. In B. Stemmer& H. A. Whitaker (eds.), *Handbook of the Neuroscience of Language* [C]. Amsterdam: Elsevier, 2008: 91 –103.

[188] STEINHAUER K. Event – related Potentials (ERPs) in Second Language Research: A Brief Introduction to the Technique, a Selected Review, and an Invitation to Reconsider Critical Periods in L2

[J]. *Applied Linguistics*, 2014, 35 (4): 393 – 417.

[189] STEINHAUER K, WHITE E J & DRURY J E. Temporal dynamics of late second language acquisition: evidence from event – related brain potentials [J]. *Second Language Research*, 2009, 25 (1): 13 – 41.

[190] STEINHAUER K, WHITE E J, CORNELL S, et al. The Neural Dynamics of Second Language Acquisition: Evidence from Event Related Potentials [J]. *Journal of Cognitive Neuroscience, Supplement*, 2006: 99.

[191] STERN H H. *Fundamental Concepts of Language Teaching* [M]. Oxford: Oxford University Press, 1983.

[192] SWAIN M & LAPKIN S. Canadian Immersion and Adult Second Language Teaching: What's the Connection? [J]. *Modern Language Journal*, 1989 (73): 150 – 159.

[193] TAYLOR D. The Meaning and Use of the Term "Competence" in Linguistics and Applied Linguistics [J]. *Applied Linguistics*, 1988 (9): 148 – 168.

[194] TERRY KIT-FONG AU, LEAH M, KNIGHTLY SUN-AH JUN, et al. Oh. Overhearing a Language during Childhood [J]. *Psychological Science*, 2002, 13 (3): 238 – 243.

[195] THOMPSON I. Foreign Accents Revisited: The English Pronunciation of Russian Immigrants [J]. *Language learning*, 1991 (41): 177 – 204.

[196] TODD R D, HUANG H & HENDERSON C A. Poor Utility

of the Age of Onset Criterion for DSM – IV Attention Deficit/Hyperactivity Disorder: Recommendations for DSM – V and ICD – 11 [J]. *Journal of Child Psychology and Psychiatry, and Allied Disciplines*, 2008 (49): 942 – 949.

[197] TOKOWICZ N & MACWHINNEY B. Implicit and Explicit Measures of Sensitivity to Violations in Second Language Grammar: An Event – related Potential Investigation [J]. *Studies in Second Language Acquisition*, 2005 (27): 173 – 204.

[198] ULLMAN M T. Contributions of Memory Circuits to Language: The Declarative/Procedural Model [J]. *Cognition*, 2004, 92 (1 – 2): 231 – 270.

[199] UNSWORTH S, ARGYRI F, CORNIPS L, et al. On the Role of Onset and Input in Early Child Bilingualism in Greek and Dutch [J]. *Applied Psycholinguistics*, 2012 (3): 1 – 41.

[200] GEERT P. Dynamic Systems Approaches and Modeling of Developmental Processes [A]. In J. Valsiner & K. J. Conoly (eds.), *Handbook of Developmental Psychology* [C]. London: Sage, 2003: 640 – 672.

[201] GEERT P V. Nonlinear – Complex – Dynamic – Systems in Developmental Psychology [A]. In S. Guastello, M. Koopmans & D. Pincus (eds.), *Chaos and Complexity in Psychology: The Theory of Nonlinear Dynamical Systems* [C]. Cambridge: Cambridge University Press, 2008: 242 – 281.

[202] GEERT P. The Dynamic Systems Approach in the Study of

L1 and L2 Acquisition: An Introduction[J]. *The Modern Language Journal*, 2008 (92): 179 – 199.

[203] GELDER T V. & Port R. F.. "Explorations in the Dynamics of Cognition" [A]. In T. van Gelder & R. Port (eds.). *Mind as Motion* [C]. Boston: MIT Press, 1995: 1 – 44.

[204] VIVIAN C. 语言学和二语习得 [M]. 北京：外语教学和研究出版社, 麦克米伦出版社, 2005.

[205] WALSH T M & DILLER K C. Neurolinguistic Considerations on the Optimum Age for Second Language Learning [A]. In K. Diller (ed.), *Individual Differences and Universals in Language Learning Aptitude* [C]. Rowley, MA: Newberry House, 1981: 3 – 21.

[206] WARTENBURGER I, HEEKEREN H J, CAPPA S F, et al. Early Setting of Grammatical Processing in the Bilingual Brain [J]. *Neuron*, 2003, 37 (1): 159 – 170.

[207] WEBER O M & RUDER K F. Acquisition and Generalization of Japanese Locatives by English Speakers [J]. *Applied Psycholinguistics*, 1980, 1 (2): 183 – 198.

[208] WEBER-FOX C & NEVILLE H J. Sensitive Periods Differentiate Processing of Open – and Closed – class Words: An ERP Study of Bilinguals [J]. *Journal of Speech Language & Hearing Research*, 2001, 44 (6): 13 – 38.

[209] WEBER-FOX C M & NEVILLE H J. Functional Neural Subsystems Are Differentially Affected by Delays in Second Language Immersion: ERP and Behavioral Evidence in Bilinguals [A]. In D. Birdsong

(ed.), *Second Language Acquisition and the Critical Period Hypothesis* [C]. Mahwah, NJ: Lawrence Erlbaum Publisers, 1999: 23-38.

[210] WEBER-FOX C M & NEVILLE H J. Maturational Constraints on Functional Specializations for Language Processing: ERP and Behavioral Evidence in Bilingual Speakers [J]. *Journal of Cognitive Neuroscience*, 1996, 8 (3): 231-56.

[211] WHITE L & GENESEE F. How Native is Near-native? The Issue of Ultimate Attainment in Adult Second Language Acquisition [J]. *Second Language Research*, 1996, 12: 233-265.

[212] WHITE L. The "Pro-drop" Parameter in Adult Second Language Acquisition [J]. *Language Learning*, 1985, 35 (1): 47-61.

[213] WIDDOWSON H G. *Defining Issues in English Language Teaching* [M]. Oxford: Oxford University Press, 2003.

[214] WIDDOWSON H G. *Learning Purpose and Language Use* [M]. Oxford: Oxford University Press, 1983.

[215] WILKINS D A. *Linguistics in Language Teaching* [M]. London: Edward Arnold, 1972.

[216] WITELSON S F. Early Hemisphere Specialization and Interhemisphere Plasticity: An Empirical and Theoretical Rewiew [A]. In S. Segalowitz & F. Gruber (eds.), *Language Development and Neurological Theory* [C]. New York: Academic Press, 1977: 213-287.

[217] WITTEN I H, FRANK E & HALL M A. *Data Mining: Practical Machine Learning Tools and Techniques: Practical Machine Learning Tools and Technique* [M]. Morgan Kaufmann, 2011.

[218] XUE G, DONG Q & JIN Z. An fMRI Study wth Semantic Access in Low Proficiency Second Language Learners [J]. *NeuroReport*, 2004 (15): 791 -796.

[219] ZEVIN J D & SEIDENBERG M S. Age of Acquisition Effects in Word Reading and Other Tasks [J]. *Journal of Memory and Language*, 2002, 47 (1): 1 -29.

[220] ZEVIN J D & SEIDENBERG M S. Age-of-acquisition Effects in Reading Aloud: Tests of Cumulative Frequency and Frequency Trajectory [J]. *Memory and Cognition*, 2004, 32 (1): 31 -38.

[221] ZYZIK E C. Null Objects in Second Anguage Acquisition: Grammatical vs. Performance Models [J]. *Second Language Research*, 2008, 24 (1): 65 -110.

中文著作

[1] 白学军, 王丽红, 吕勇, 等. 词汇的获得年龄效应: ERP 研究 [J]. 心理学探新, 2010 (1): 21 -26.

[2] 蔡基刚. 基于需求分析的大学 ESP 课程模式研究 [J]. 外语教学, 2012 (3): 47 -50.

[3] 蔡基刚. 教育国际化背景下的大学英语教学定位研究 [J]. 外国语, 2012, 35 (1): 69 -76.

[4] 曹态滪. 探讨"以就业为导向"的中职英语教学模式 [J]. 才智, 2014 (34): 145.

[5] 曹燕黎. 二语习得的关键期假说及对外语教学的启示

[J]. 大学（研究与评价），2009（9）：30-33.

[6] 岑海兵，邹为诚. "欧洲语言共同参考框架"对我国大学英语教育的影响研究 [J]. 中国外语，2011（4）：31-38.

[7] 曾辉. 母语语法对二语语法原则与参数习得的影响 [J]. 成都大学学报（社会科学版），2001（1）：78-81.

[8] 柴省三. 汉语作为第二语言习得的关键期假设研究 [J]. 外语教学与研究，2013，45（5）：692-706，799-800.

[9] 柴小莉. 从关键期假说看我国少儿英语教学 [J]. 语文学刊（外语教育与教学版），2010（6）：141-142.

[10] 常欣，张国礼，王沛. 中国二语学习者英语句子加工的心理机制初探：以主动句为例 [J]. 心理学报，2009，41（6）：471-480.

[11] 常欣，朱黄华，王沛. 跨语言句法结构相似性对二语句法加工的影响 [J]. 外语教学与研究，2014，46（4）：560-571，640.

[12] 陈宝国，王立新，王璐璐，等. 词汇习得年龄和频率对词汇识别的影响 [J]. 心理科学，2004，25（5）：1060-1064.

[13] 陈冰冰. 国外需求分析研究述评 [J]. 外语教学与研究，2009，41（2）：125-130.

[14] 陈朝虹. 中文零主语现象对学生学习英语的影响 [J]. 知识经济. 2010（9）：97-98.

[15] 陈军. 从二语习得的关键期假说谈少儿英语培训 [J]. 赤峰学院学报（汉文哲学社会科学版），2009，30（8）：168-170.

[16] 崔刚. 关于语言习得关键期假说的研究 [J]. 外语教学，

2011 (3): 48 - 51.

[17] 崔艳嫣, 刘振前. 二语心理词库组织模式发展的实证研究 [J]. 外语教学, 2010, 31 (2): 35 - 38.

[18] 戴曼纯. 二语习得研究理论建设探讨: 认识论、理论取向与理论类型的融合观 [J]. 中国外语, 2010 (3): 65 - 75.

[19] 戴炜栋, 束定芳. 试论影响外语习得的若干重要因素: 外语教学理论系列文章之一 [J]. 上海外国语大学学报, 1994 (4): 1 - 11.

[20] 戴运财, 王同顺. 基于动态系统理论的二语习得模式研究: 环境、学习者与语言的互动 [J]. 山东外语教学, 2012, 33 (5): 36 - 42.

[21] 邓长慧. 从需求分析入手谈非英语专业研究生英语教学改革 [J]. 中国电力教育, 2009 (21): 202 - 204.

[22] 董燕萍. 从广东省小学英语教育现状看"外语要从小学起"的问题 [J]. 现代外语, 2003 (1): 39 - 47.

[23] 段胜峰, 吴文. 生物语言学视野中"儿童语言习得关键期"推析 [J]. 外语学刊, 2014 (6): 122 - 126.

[24] 方环海, 谭乡荣. 空主语的性质、分布及其相关问题 [J]. 外语研究, 2006 (6): 21 - 25.

[25] 方绪军, 杨惠中, 朱正才. 制定全国统一的语言能力等级量表的原则与方法 [J]. 现代外语, 2008 (4): 380 - 387, 437.

[26] 耿立波, 杨亦鸣. 第二语言句法的自动加工: 来自脑电的证据 [J]. 外语教学与研究, 2013, 45 (3): 374 - 384, 480.

[27] 关薇. 二语习得的关键期假说与幼儿英语教学 [J]. 理

论观察, 2011 (1): 108-109.

[28] 桂诗春. 谈当前的外语教学 [J]. 中国外语, 2005 (1): 5-8.

[29] 桂诗春. 心理语言学 [M]. 上海: 上海外语教育出版社, 1985.

[30] 韩宝成, 常海潮. 中外外语能力标准对比研究 [J]. 中国外语, 2011 (4): 39-47, 54.

[31] 郝劲梅. 从用人单位的需求看研究生公共英语教学: 以IT行业为例 [J]. 出国与就业 (就业版), 2011 (20): 154-156.

[32] 何克抗. 语觉论: 第二语言教学的理论基础 [EB/OL].

[33] 何清顺. 母语对成年人英语学习的影响 [J]. 兰州教育学院学报, 2002 (3): 47-50.

[34] 侯桂杰. 非英语专业研究生英语教学改革与实践研究: 以黑龙江大学为例 [J]. 亚太教育. 2016 (28): 91.

[35] 胡明扬. 外语学习和教学往事谈 [J]. 上海外国语大学学报, 2002 (5): 2-9.

[36] 胡学文, 吴凌云, 庄红. 大学英语社会需求调查分析报告 [J]. 中国外语, 2011, 8 (5): 12-17.

[37] 胡壮麟. Linguistics: A Course Book [M]. 北京: 北京大学出版社, 2001.

[38] 黄川, 易鑫, 张玉, 等. 当代大学生英语学习能力现状与就业单位对毕业生英语能力要求的对比分析与策略 [J]. 课程教育研究, 2017 (21): 10.

[39] 黄怀飞, 李荣宝. 英语作为第二语言的学习起始年龄与

学习成绩的相关性研究［J］．福建师范大学学报（哲学社会科学版），2008（3）：146-151.

［40］黄衍．汉语的空范畴［J］．中国语文，1992（5）：383-393.

［41］霍兴花．社会用人单位对高等农业院校非英语专业硕士研究生的英语能力需求调查［J］．教育现代化，2017（51）：265-266.

［42］焦双静．非英语专业硕士研究生学术英语课程的需求分析［D］．西安：西安外国语大学，2017.

［43］李丹．天津市高新技术企业员工英语能力需求与对策研究［J］．中国高新技术企业，2016（25）：178-180.

［44］李兰霞．动态系统理论与第二语言发展［J］．外语教学与研究，2011，43（3）：409-421，480-481.

［45］李平．以学习为中心的研究生英语科技写作课程设计［J］．中国ESP研究，2018，9（1）：120-127，166.

［46］李荣宝，彭聃龄，郭桃梅．汉英语义通达过程的事件相关电位研究［J］．心理学报，2003，3（3）：309-316.

［47］李甦，杨玉芳．为什么存在语言学习的关键期？［J］．科学通报，2016（25）：2786-2792.

［48］李艳红，戴曼纯．外国口音的成因——Flege"语音学习模式"述评［J］．解放军外国语学院学报，2014，37（1）：100-108.

［49］李宇明．中国外语规划的若干思考［J］．上海外国语大学学报，2010（1）：2-8.

[50] 林立红. 从现代汉语中的零主语结构看高中生的英语句法迁移 [J]. 基础教育外语教学研究, 2003, 23 (1): 33-35.

[51] 刘黛琳. 高职高专外语教育发展报告 [M]. 上海: 上海外语教育出版社, 2008.

[52] 刘贵芹. 高度重视大学英语教学改革 努力提升大学英语教学质量 [J]. 外语教学与研究, 2012 (2): 279-282.

[53] 刘润清, 吴一安. 中国英语教育研究 [M]. 北京: 外语教学与研究出版社, 2000.

[54] 刘振前. 第二语言习得关键期假说研究评述 [J]. 当代语言学, 2003, 5 (2): 158-172, 190.

[55] 龙伟华. 泰国汉语能力标准研究 [J]. 汉语国际传播研究, 2012 (1): 178-185.

[56] 陆敏. 农林类毕业生英语社会服务情况调查与分析 [J]. 家畜生态学报, 2018, 39 (1): 90-93.

[57] 陆效用, 陈淇. 论用二语习得理论指导研究生英语教学改革 [J]. 山东外语教学, 2007 (1): 3-8.

[58] 罗宁曦. 从职业需求探讨高等学校英语应用能力考试 (PRETCO) 题型的不足 [J]. 湖北广播电视大学学报, 2010 (9): 33-34.

[59] 马春兰. 第二语言习得中的年龄因素: 少数民族大学生初始英语学习年龄对学习成绩的影响调查 [J]. 民族教育研究, 2012 (2): 106-109.

[60] 马拯. 二语习得中的年龄效应和技能习得理论: 专访马里兰大学教授 Robert DeKeyser [J]. 当代外语研究, 2013 (9): 1

-9,17,79.

[61] 毛伟宾,顾维忱. 关于二语习得关键期的脑神经语言机制研究及思考 [J]. 河北师范大学学报（教育科学版）, 2008, 10 (12): 38-41.

[62] 孟娟. 探索年龄和课堂学习时间对中国欠发达农村地区学生英语语音技能的影响 [D]. 重庆:重庆大学硕士学位论文, 2010.

[63] 潘谊清. 关于外语学习的最佳起始年龄问题 [J]. 学前教育研究, 2005 (11): 25-26.

[64] 彭坚. 二语习得"关键期假说"的反思性研究对早期外语教育的启示 [J]. 学前教育研究, 2007, 8 (7): 53-55.

[65] 祁景蓉. 高职高专会计英语课程设置目标需求的调查和分析:企业对高职高专会计专业毕业生专业英语应用能力要求的调查和分析 [J]. 海外英语, 2011, 17 (1): 89-90, 92.

[66] 邱艳春. 从社会需求和用人单位满意度 反思应用型英语专业人才培养 [J]. 疯狂英语（教师版）, 2014 (4): 110-113.

[67] 沈昌洪,吕敏. 动态系统理论与二语习得 [J]. 外语研究, 2008 (3): 65-68.

[68] 沈骑. "一带一路"倡议下国家外语能力建设的战略转型 [J]. 云南师范大学学报（哲学社会科学版）, 2015, 47 (5): 9-13.

[69] 束定芳,华维芳. 中国外语教学理论研究（1949-2009）[M]. 上海:上海外语教育出版社, 2009.

[70] 束定芳. 外语教学改革:问题与对策 [M]. 上海:上海

外语教育出版社, 2004.

[71] 束定芳. 我看外语教学改革 [J]. 国外外语教学, 2001 (1): 8-11.

[72] 宋秀平. 空主语 (pro) 在英汉中的不同参数设置 [J]. 上海师范大学学报（哲学社会科学版）, 2009, 38 (3): 128-132.

[73] 唐洁凌. 初探年龄因素对以英语为外语的中国学生英语句法处理的影响: ERPs 研究 [D]. 重庆: 重庆大学硕士学位论文, 2010.

[74] 唐晓虹. 试论关键期假设和外语学习的年龄 [J]. 西华师范大学学报（哲学社会科学版）, 2003 (6): 123-126.

[75] 陶滢, 张明芝. 关键期假说与大学生英语语音实证研究 [J]. 东北农业大学学报（社会科学版）, 2008, 6 (2): 67-69.

[76] 汪洋. 以就业为导向的中职英语教学模式探讨 [J]. 科教导刊（下旬）, 2015 (2): 115-116.

[77] 王蓓蕾. 外语学习有最佳起始年龄吗 [J]. 外语界, 2003 (3): 69-74.

[78] 王初明. 应用心理语言学 [M]. 长沙: 湖南教育出版社, 1990.

[79] 王初明. 语言学习与交互 [J]. 外国语, 2008, 31 (6): 53-60.

[80] 王初明. 抓好语音训练, 培养良好心态 [J]. 英语知识, 2002 (1): 1.

[81] 王笃勤. 从 CEF 到大学英语能力标准 [J]. 疯狂英语（教师版）, 2008 (5): 17-22, 25.

[82] 王笃勤. 大学英语评价效度研究 [J]. 中国外语, 2010 (2): 13-20.

[83] 王佶旻. 汉语能力标准的描述语任务难度研究: 以中级口语能力量表为例 [J]. 世界汉语教学, 2013 (3): 413-423.

[84] 王建斌. 加快中职英语教学改革, 培养新型人才 [J]. 科学大众 (科学教育), 2011 (4): 14.

[85] 王丽红, 王永妍, 闫国利. 词汇获得年龄效应的眼动研究 [J]. 心理与行为研究, 2010, 8 (4): 289-295.

[86] 王沛, 蔡李平. 汉英双语语义表征的事件相关电位研究 [J]. 外语教学与研究, 2010 (4): 282-288, 321.

[87] 王倩. 从复合句零主语指代看汉英语言思维的差异 [J]. 安徽大学学报, 2005, 29 (5): 41-45.

[88] 王涛. 动态系统理论视角下的复杂系统: 理论、实践与方法 [J]. 天津外国语大学学报, 2011, 18 (6): 8-15.

[89] 王银泉. 从国家战略高度审视我国外语教育的若干问题 [J]. 中国外语, 2013, 10 (2): 13-24, 41.

[90] 王云秀, 陆巧玲. 非英语专业硕士研究生英语学习需求调查分析 [J]. 桂林师范高等专科学校学报, 2010, 24 (1): 82-86.

[91] 韦晓保. 第二语言习得理论研究的新视角: D-C-C 模式 [J]. 外语界, 2012 (6): 18-27.

[92] 魏红梅. 汉语 (L1) 对英语 (L2) 的负迁移及其"习失"探究 [J]. 外语教学, 2008, 29 (5): 59-63.

[93] 魏兴, 吴莎, 张文霞. 中国职场领域英语能力现状与需求的调查分析 [J]. 外语界, 2018 (1): 43-51.

[94] 文秋芳. 二语习得重点问题研究 [M]. 北京: 外语教学与研究出版社, 2010.

[95] 武凌云. 语言习得关键期假说和二语习得的本质 [J]. 科技信息, 2011 (10): 566 - 567.

[96] 武瑞丰. 英汉不定式空主语的对比分析 [J]. 郑州航空工业理学院学报 (社会科学版), 2008, 27 (2): 83 - 84.

[97] 夏纪梅, 孔宪辉. 外语课程设计的科学性初探 [J]. 外语界, 1999 (1): 20 - 23.

[98] 辛柯, 周淑莉. 年龄因素对二语习得的影响: 临界期假说实证 [J]. 外语教学, 2006, 27 (4): 80 - 82.

[99] 熊丽. 英汉空主语比较研究 [D]. 长沙: 中南大学硕士论文, 2008.

[100] 徐亚丽. 从空主语和虚主语看英汉差异 [J]. 赤峰学院学报 (汉文哲学社会科学版), 2013, 34 (2): 250 - 252.

[101] 许国璋. 谈谈新形势下外语教学的任务 [J]. 人民教育, 1978 (10): 21 - 25.

[102] 许敏. 空主语参数和汉语的无主句 [J]. 江南大学学报 (人文社会科学版), 2005 (3): 92 - 94.

[103] 杨惠中, 桂诗春. 制订亚洲统一的英语语言能力等级量表 [J]. 中国外语, 2007 (2): 34 - 37, 64.

[104] 杨连瑞, 张德禄. 二语习得研究与中国外语教学 [M]. 上海: 上海外语教育出版社, 2007.

[105] 杨连瑞. 第二语言习得的临界期及最佳年龄研究 [J]. 外语学刊, 2004 (5): 101 - 106, 112.

[106] 杨婷. 汉语不定式空主语的句法特征研究 [J]. 才智, 2010 (8): 180-181.

[107] 杨雄里. 神经生物学的回顾和展望 [J]. 生物学通报, 2001 (4): 1-4.

[108] 姚凤华. 成人二语习得利弊谈 [J]. 继续教育研究, 2011 (1): 139-140.

[109] 阴小蓓. 关键期假说及二语语言能力相关性的实证研究 [J]. 福建医科大学学报 (社会科学版), 2011 (1): 59-61.

[110] 詹先君. 动态系统视角下的二语自我发展特征分析 [J]. 现代外语, 2018, 41 (5): 661-673.

[111] 张帆. 基于经济原则的汉语空主语 PRO 句法的产生 [J]. 郑州航空工业管理学院学报 (社会科学版), 2011 (2): 136-138.

[112] 张惠霞, 张肆晨. 英语学习中母语参数与主语缺失现象的关联性研究 [J]. 陕西广播电视大学学报, 2013, 15 (4): 77-79.

[113] 赵飞, 邹为诚. 外语学习年龄问题的传记性研究: 成功外语学习者对外语教学的启示 [J]. 现代外语, 2008 (3): 317-327, 330.

[114] 赵培. 高职高专英语教学应讲求实用性 [A]. 高职高专教育英语课程教学指导委员会组编. 高职高专英语教学改革理论与实践 [M]. 北京: 高等教育出版社, 2003.

[115] 赵世开. 学习外语的漫长道路 [J]. 上海外国语大学学报, 2002 (5): 10-15.

[116] 赵雯, 王勃然. 面向国际化的英语课程建设: 需求分析研究 [J]. 外语教育研究, 2013, 1 (1): 49-53.

[117] 赵欣. 硕士研究生公共英语学习多维度需求分析 [J]. 大学英语, 2014, 11 (2): 125-130.

[118] 郑咏滟. 动态系统理论框架下的二语词汇深度发展研究 [J]. 中国外语教育, 2014, 7 (3): 62-73, 96.

[119] 郑咏滟. 二语心理词库的动态系统发展与频率效应 [J]. 解放军外国语学院学报, 2015, 38 (5): 82-90, 160.

[120] 中华人民共和国教育部高等教育司. 大学英语课程教学要求 [M]. 北京: 高等教育出版社. 2007.

[121] 中华人民共和国教育部高等教育司. 高等职业教育英语课程教学要求 (试行) [EB/OL]. (2009-09-23) [2019-01-27].

[122] 周翎. 年龄因素对以英语为外语的中国学生英语单词重音习得的影响 [D]. 重庆: 重庆大学硕士学位论文, 2007.

[123] 周淑莉. 研究生英语能力与学习起始年龄显著性差异的实证研究 [J]. 湖北广播电视大学学报, 2011 (8): 112-113.

[124] 訾韦力. 从现代汉语空成分结构看过渡时期中介语错误 [J]. 西南民族大学学报 (人文社科版), 2005 (6): 323-325.

[125] 中华人民共和国教育部. 中等职业学校英语教学大纲 [M]. 北京: 高等教育出版社, 2009.

后　记

在拙作付梓之际，需要感谢的人很多。

感谢不断向我这个外语教育工作者提问的人，你们非常关心的问题总是："什么时候开始学外语最好？""我们家的孩子是否需要进双语幼儿园？"诸如此类的问题，推动我去研究基于年龄视域的外语能力发展。

感谢教育部人文社科基金项目的评审专家。由于你们的评判和选择，我的项目才得以资助，从而从最初的文献研究转入实证研究，有了一些学术产出，得到了一定的肯定。

感谢东北大学外国语学院院长赵雯教授。自从20世纪90年代加入研究团队以来，从您身上学到了很多，无论是做人，还是做科研。

感谢我带过的研究生们。在本书写作的过程中，你们在文献查找、整理等方面付出了时间、精力和智慧。感谢张珍、王朋然、赵畅、韩美玲、马丽颖、王姝阳、孙梦凝、黄桂玲、代佳馨、郑悠然、陈敏、郑茹毓、徐畅、白春苗。

最后,感谢我的爱人韩梅。在本书写作的最后阶段,你为我生了一个取名叫"宁宁"的小家伙。希冀这本书的出版,能让你对孩子外语学习的决策更加果敢,孩子的语言学习也能从中有所收益。